海洋传奇 沉没的珍宝

HAIYANG CHUANQI

主　编：陶红亮

编　委：郝言言　苏文涛　薛英祥　金彩红　唐文俊

　　　　王春晓　史　霞　马牧晨　邵　莹　李　青

　　　　赵　艳　唐正兵　张绿竹　赵焕霞　王　璇

　　　　李　伟　谭英锡　刘　毅　刘新建　赖吉平

海洋出版社

2025年·北京

图书在版编目(CIP)数据

沉没的珍宝/陶红亮主编.—北京：海洋出版社，2017.2（2025年1月重印）

（海洋传奇）

ISBN 978-7-5027-9634-1

Ⅰ.①沉… Ⅱ.①陶… Ⅲ.①沉船－考古发掘－通俗读物 Ⅳ.①K865.3-49

中国版本图书馆CIP数据核字（2016）第283650号

海洋传奇

沉没的珍宝

总 策 划：刘 斌		发 行 部：	(010) 62100090
责任编辑：刘 斌		总 编 室：	(010) 62100034
责任印制：安 淼		网 址：	www.oceanpress.com.cn
整体设计：童 虎·设计室		承 印：	侨友印刷（河北）有限公司
		版 次：	2017年2月第1版
出版发行：海洋出版社			2025年1月第2次印刷
地 址：北京市海淀区大慧寺路8号		开 本：	787mm×1092mm 1/16
100081		印 张：	11.5
经 销：新华书店		字 数：	276千字
		定 价：	69.00元

本书如有印、装质量问题可与发行部调换

前　言

　　世界第一艘沉船在什么时候？没有人知道。不过，考古学家经历千难，解开了航海史的谜团。早在4000多年前，地中海就有船只航行了，考古学家又是怎么知道时隔千年的故事？他们根据船体的残骸、遗迹，以及沉没海底的宝贝，就知道这艘沉船在此长眠了多久。

　　13世纪下叶，意大利的旅行家马可·波罗，跟随父亲和叔叔，经两河流域、伊朗高原、帕米尔高原，远赴东方国家游历。历时四年，他们来到东方富庶、盛强的国家——中国元朝，在这里游历了17年，并担任元朝官员，去过中国许多地方，了解、学习许多中国文化。

　　1289年，波斯国王的元妃过世，国王派遣三位使者远赴中国，向朝廷求婚。元朝皇帝封阔阔真为元室公主，命人护送她嫁与波斯国王。久居中国的马可·波罗十分想念故土，他趁机向皇上请求参与护送任务，在完成使命后，他们可以顺路回国。三年后，马可·波罗一家跟随三位使者护送公主从泉州出海到波斯国成亲，完成使命后顺利回到了家乡。

回国后，意大利发起了一场旷世持久的海战，马可·波罗不幸在一次海战中被俘虏。在昏暗、潮湿的监狱里，马可·波罗向其他人讲述了许多关于中国的故事，他的狱友鲁斯蒂谦还编纂了一本《马可·波罗游记》，记录下马可·波罗在中国的见闻。不久后，这本书就出现在意大利的大街小巷。虽然马可·波罗70岁时撒手人寰，但他的传记影响了一代又一代的欧洲人。

时隔百年，15、16世纪，西班牙和葡萄牙成为欧洲最强大的国家，它们带头掀起了海外远航的热潮。不少欧洲商人冒着生命危险远航中国，将中国瓷器、丝绸、茶叶、香料等货物运回欧洲，获得巨额利益。在他们眼中，富庶的中国能给他们带来巨大的财富。日益盛强的西班牙和葡萄牙，几乎垄断了亚欧市场。

不久后，一代航海家——哥伦布，受《马可·波罗游记》影响，对中国和印度产生了浓厚的兴趣，希望成为一个出色的航海家。年轻的哥伦布十分坚信地圆说，他开始游说各国，希望有人可以资助他完成远航东方国家的梦想。然而，迂腐的西班牙国王和葡萄牙国王，认为自己已经垄断了市场，没有开辟新航路的必要，甚至认为哥伦布是个假借航海之行筹集经费的骗子。哥伦布百口莫辩，只得四处游说，希望有人能够理解他的一片赤诚。直到1492年，西班牙女王慧眼识英雄，她资助哥伦布完成了远航之旅。得到资助后，哥伦

布组织船队，横渡大西洋希望找到通往东方香料产地的海上路线，更快地将香料运回欧洲。几年来，他先后四次远航，终于抵达一处大陆，他以为自己来到了香料和财富的产地——亚洲和印度，却不想来到了北美，也就是今天的美国。这误打误撞的航行之旅，使北美洲与欧洲开始贸易往来，为欧洲国家带来了新的财富。

此后，亚洲、欧洲、北美洲的海上贸易日益盛行。然而，碧波万顷的汪洋却埋藏着重重杀机，数以万计的船舶在航海途中遭遇不幸，有些船只久经磨难抵达中国，装载着能使他们富裕的宝物回国，却不想被海上的风浪吞没。更有些船只，还不曾远航，在"家门口"就被死神掳去。

千百年来，无数价值连城的珍贵宝物，沉没在汪洋深海，等待有缘人的寻访。20世纪以来，各国考古学家在不同海域，纷纷发现殒没多年的古船，尤其在南海海域，沉没的中国古船更是数不可数。20世纪，南海渔夫在打鱼时，常会捞起精美的瓷器碎片或铜钱。很快，南海海底有宝藏的消息被传得沸沸扬扬，不少中、外寻宝者潜入海底，寻找、打捞沉没多年的宝物。为防止这些寻宝者破坏沉船遗址和文物，考古学家游弋四处海域，发掘、打捞沉船，试图探索、解开这些古代沉船的谜团。

目 录

沉/没/的/珍/宝

Sunken Treasure

Part 3
东海、台海沉船大发现 …………………………………… 033

　　明朝时期，当权者对西方势力越发忌惮，随即关闭国门禁止民间将瓷器、丝绸、茶叶等物销售出海。直到清朝康熙年间，中国的港口才再次对外开放，这无疑是欧洲商人期盼已久的心愿。一时间，欧洲各国商人纷纷远航中国，然而海浪无情，不少商船在出海之际，就遭遇了沉没的厄运。

Part 4
惊爆世界的南海沉宝 ……………………………………… 054

　　自古代中国打开国门，开辟海上贸易后，欧洲各国就对古老而神秘东的方国家充满了向往。那里有四季分明的绮丽山水；有精致华贵的绫罗绸缎；有沁人心脾的芳香茶叶；有精美独特的陶瓷制品。这些独具中国风采的货物，深得欧洲人民的喜爱，他们不远万里来到中国，只为收购一些中国独有的瑰宝。

Part 5
探寻沉溺的远东之旅 ································· 073

早在西汉年间，中国与欧洲便有着海上贸易往来，直至南宋时期，中国瓷器外销得到前所未有的发展，不少国内、国外的船员将一批又一批精美的瓷器和其他一些贵重的中国货物远销海外。然而，碧波万顷的大海里埋藏着重重杀机，不乏远航船舶，一去不复返，葬身汪洋。

Part 6
葡萄牙、西班牙沉船 ································· 090

自 20 世纪 60 年代以来，人们在欧洲、美洲、非洲海域相继发现了一系列以欧洲东印度沉船为代表的古代沉船。这些沉船中，有远航东方国家的商船，有在战乱中无辜受累的帆船，也有贪得无厌的舰船，它们携带着价值连城的奇异珍宝，沉没在各个海域。

Part 7
荷兰东印度公司沉船 ·· 111

　　荷兰是继葡萄牙、西班牙后，一度以"海上马车夫"著称的亚欧航海国家。除了在南海海域有几处荷兰东印度公司沉船遗址外，在印度洋和大西洋也接连发现荷兰东印度公司沉船，并在船舱内发现中国瓷器等货物，为研究荷兰船舶远航历史提供了更丰富的资料。

Part 8
英国东印度公司沉船 ·· 134

　　英国开辟亚欧市场的时间较晚，17世纪初，东印度公司荣获英国皇家的专利支持，自此它在孟加拉湾的默吉利伯德讷姆建立它的第一所工厂。尽管英国远航历史较短，但它以简单、粗暴的手段，迅速掌握了印度市场，并取得当时印度国王的支持。在以后的时间里，英国远航中东的船舶，也日益繁多。

西亚、欧洲远东航路沉船··················153

19世纪末20世纪初，一场旷日持久的世界大战一触即发，欧洲各国都对敌军进行了惨绝人寰的攻击，战争年代，金钱、武器、军舰成为当时各国抢掠、攻击的主要目标，不少舰船、商船、客船，因连天的硝烟而沉没深海，数万的无辜百姓受到牵连。

海底静默的珍宝

自海上贸易开辟以来，海底沉船就成为神秘的宝藏，吸引着众多探险家、寻宝猎人和考古学家。联合国教科文组织曾估算，在全球的大洋海底，有300万艘船舶在此长眠，有一小部分沉船已经被考古人员发现，但大部分沉船依然在这幽静、昏暗的海底长眠，等待着有缘人去发现。

多种因素导致沉船

早在石器时期，人类就已经有了航海活动，到了战国末期，我国的海上交通已经颇有规模，人们在沿海各地区建立一系列港口、码头，使岛屿和大陆之间的联系日益密切。

春秋战国时期，秦始皇尤为注重海航，中国统一后，他曾先后五次出海巡视各地，其中包括渤海沿岸的一些港口。与此同时，西方国家对航海活动也充满兴趣，公元前4世纪下半叶的希腊航海家皮忒阿斯，曾驾驶小船自希腊出发，沿伊比利亚半岛，途经大不列颠岛，再向北航行来到达粤克尼群岛，由此向东到达易北河口，这是西方国家最早的航海路程。尽管航海互动历史源远流长，但它的发展并不十分迅速，这主要是因为当时海航技术尚不成熟，而且海难时有发生。

世界上每年遇难的船舶都不在少数，不少船只在航行途中神秘消失或身沉大海，而造成这些悲剧的原因却多种多样，比如气候条件、人为因素等。海难一旦发生，死神就会牢牢抓住机会，残忍而贪婪地吞噬船舶以及无辜人的生命。

风浪是海洋上的杀手，在世界的各个海域永不停歇。每当海风拂过，原本平静、静谧的海面，常常卷起层层海浪，奔腾在广袤无垠的海洋里，它们时而嬉戏，时而怒吼，时而娇嗔，时而安宁，它们是海上船舶最大的敌人，也是最好的帮手。

古语说，水能载舟亦能覆舟。16世纪到17世纪间，人们常建造的就是身型较小的独木船或帆船。独木船一般较小，船体两头较尖，宽度较窄，活像一只梭子。随着造船业的发展和进步，人们逐渐将船改进，为使船舶航行更快、更加省力，航程更远，人们建造了帆船。独木船和帆船都是依附风浪前行的，顺风顺浪之际，人们可以不费吹灰之力，驾驶船只来到目的地，然而在风浪汹涌之际，船舶也将面临颠覆的危险。无论是近海、内海航行的独木船，远航千里的三桅帆船，还是现代集科技于一身的钻井船，都难以抵挡海浪的凶猛。

在一些奇特海域，海面时常会被一层烟雾笼罩，它们神出鬼没，萦绕在航船周围，让航海人分辨不清方向，不知身在何处。大多数航船都是在大雾溟蒙、四下不清的情况下发生的海难，以至于船沉大海。即使是 20 世纪被誉为最豪华的客船"皇后"号，也无法逃脱命殒雾海的厄运。

碧波万顷的北大西洋

20 世纪中期，英国豪华客轮"皇后"号载着 1477 人，离开加拿大魁北克码头，向英国驶去。航行数日后，"皇后"号来到诺克·波因特角海域，此时海雾溟蒙，伸手不见五指。在船长的命令下，"皇后"号闪烁着警示灯，鸣着汽笛，慢速航行在海面上。与此同时，一艘运煤船迎面驶来，它一样闪烁着警示灯，鸣着汽笛，缓缓地航行着。然而，不知出于什么原因，两船都没看到对方的警示灯，更没有听到对方鸣笛，那艘迎面驶来的运煤船，一下子撞上了"皇后"号的右舷，惊慌失措的运煤船赶紧向后撤退，却不想被它撞击的"皇后"

号一下子沉没深海。船上的 1477 人只有 465 人获救，而其余 1012 人全部丧命。

在南北极圈附近的冰海，被人们戏称为"魔鬼的牙齿"，这是因为冰海海域长年布满流冰群、冰山，不仅严寒冰冷且危机重重。20 世纪初期，曾有一艘号称"永不沉没的海上女王"的豪华巨轮，在航行至北大西洋的危险区域时，不幸与冰山相撞。它就是以悲剧著称的"泰坦尼克"号。当时，"泰坦尼克"号与一座高出海面十七八米的冰山相撞，仅在两个小时内，这艘闻名世界的豪华巨轮携带着船上 1503 名乘客一起沉没深海。历史的车轮转动，悲剧并没有停息。2007 年，一艘名叫"探索者"号的加拿大邮轮在南极圈附近，再次发生了撞击冰山的悲剧，不过与"泰坦尼克"号相比，幸运的是"探索者"号上的乘客和船员全部获救。

航海之路危机四伏，嶙峋怪异的险礁、凸出海底的浅滩，不知使多少船只永远驶不到航行的对岸。17 世纪初期，荷兰东印度公司的一艘名为"巴达维亚"号的商船，在远航中国的途中，不幸触礁而沉，船上准备购买中国货物的金银珠宝，也一起沉没到深海之中。即使是在科技发展迅速的 20 世纪，触礁而沉的船舶仍不在少数。尤为令人震惊的是美国第十一驱逐舰队，曾因快速航行，接二连三相撞，致使七艘驱逐舰连珠触礁，27 名舰员死亡。

在众多沉没因素中，最为常见的沉船海难就是碰撞。尽管大海一望无际、辽阔无疆，但是海上发生碰撞的事故却不在少数。1987 年圣诞节前夕，菲律宾发生一起重大沉船事故。12 月 20 日，"多纳·帕兹"号客轮，载着 3000 余人离开莱特岛，向马尼拉驶去。

当天夜里，"多纳·帕兹"号已经航行了 160 千米，再有 5 个小时它就可以抵达目的地了。过了一会儿，突然有人惊叫一声，一名乘客看见不远处有一艘油船失控一般冲了过来。随着一声震耳欲聋的巨

沉/没/的/珍/宝

Sunken Treasure

响，那艘巨型油轮和"多纳·帕兹"号相撞了。几秒钟后，船上传来一连串的爆炸声，熊熊烈火布满船身。几个小时后，救援队匆匆赶来，然而救援已于事无补，"多纳·帕兹"号在人们的眼前沉没深海，还带走了3000余名乘客的生命。

人为造成的沉船悲剧也不在少数，不少船员、船长玩忽职守、违章操作，致使船舶无故遇难，沉没深海。英国舰船"维多利亚"号，就是因为地中海舰队司令乔奇·蒂龙巡航时的一次失误，最后导致"维多利亚"号舰船葬身大海，同时还有358名舰员遇难。

沉船考古设备大揭秘

海上航行已经有千百年的历史了，海难也随之而来，无论是船舶还是军舰，都无法杜绝海难事故的发生。每年，全世界沉没的船舶就有上百艘，还不时有潜艇遇难、飞机坠海事故发生。不少沉没深海的船舶、舰船、飞机，装载大量奇珍异宝，有的藏有重要的军事机密，有的它本身构造就是重要机密，因而打捞海底沉船、沉物，无论在军事上还是经济上都有重要意义。

世界各地的海洋底下，埋藏着数以千计的沉船，仅是南海海域就埋藏着大量中国古船。据统计，长眠南海的古沉船数量超过2000艘，其中不乏具有打捞价值的古船。为将这些沉没深海几十米，甚至几千米的古船、沉物打捞出水，人们经过多年的科技研究，终于研发出沉船打捞方法。

在研发打捞沉船方法前，相关专家对船舶遇难也做了深刻的调查、研究。在辽阔无疆的大海上时常有海难发生，不少航行的船舶、军舰就此沉没海底，专家们针对船舶遇难，归结出以下三种情况：

一是大多船舶遇难是由于失去浮力，这主要是因为船舶设计、制

船舶触礁遇难

造不好，或载重、操作不当，致使航船在暴风巨浪的外力作用下，发生翻船事故，从而身沉深海。二是由于船员对船舶的操作不当，造成触礁、搁浅、碰撞等事故，使船舶破损，海水进入船舱，从而导致船失去浮力沉没。三是不少军舰、潜艇在海战中身沉大海，这主要是因为两军作战时，在发现敌情后发射导弹、鱼雷、水雷、炸弹、深水炸弹，从而击沉敌舰，或者由于战争需要，自行凿沉。

20世纪初期，曾震惊西方世界的重大悲剧——"泰坦尼克"号沉没冰海，就是因为船身设计、制造不当，撞上了冰山，船身多处发生裂缝，船舱进水，很快沉没在纽芬兰附近海域。近百年之后，发生同样悲剧的还有"探索者"号，沉船原因亦是如此。专家发现，船舶沉没都是因为海水进入船舱，使船舶浮力不足，从而身沉海底。要想打捞沉船，就得让沉船恢复浮力，使沉船浮出水面。

在我国北宋时期，著名建筑家怀丙和尚，就是用这个方法打捞沉物。当时河中府有一座浮桥，人们用铁铸的八头铁牛来固定它，一头铁牛近万斤重。后来洪水暴涨把浮桥冲断，铁牛也沉没到河底。怀丙和尚听闻此事，便赶来打捞铁牛，他把两艘大船填满泥土，把铁牛用绳子绑在两艘大船之间的横木上，再把泥沙从船里抛出去，减轻船的质量，由于水的浮力作用，船浮出水面，铁牛也被打捞出水。

这就是人们常用的"浮筒打捞法"，利用若干浮筒在水下充气后，借浮力使沉船浮出水面。这个方法施工方便，安全可靠，一直沿用至今。不过"浮筒打捞法"的使用有局限性，对于远海、深海的沉船，这个方法就难以办到了。于是，专家们研发一种适用于深海、远海的打捞方法——"浮船坞打捞法"。

沉船打捞方法多种多样，各种方法可单独采用，也可以几种方法联合采用。除"浮筒打捞法""浮船坞打捞法"外，还有"封舱抽水打捞法"，人们把沉船破口封堵后，将船内的水抽出，使船浮起，因封补严密困难，风浪大时难以作业，因此很少使用；"船舶抬撬打捞法"也是常用的打捞方法，作业时人们用钢缆兜于沉船船底，用打捞船上的起重设备将沉船提起，打捞时一般要用两艘或多艘打捞船共同作业；"泡沫塑料打捞法"适用于大多数情况，作业时将比重轻的闭孔泡沫塑料输入沉船舱内，排去海水，借泡沫浮力抬起船舶；"围堰打捞法"适用于水深较小的海域，在沉船周围筑堰后，抽出堰内的水，将沉船封补或修复，再灌水将船浮起后拆除围堰；"充气排水打捞法"是向沉船舱内打入压缩空气而排出水体，使沉船浮起。

这些打捞沉船的方法，万变不离其宗，皆是恢复沉船浮力，使船舶浮出水面。不过在一些深海或困难海域，沉船、沉物无法整体打捞时，人们也会采取"水下解体打捞法"打捞。如果沉船没有任何打捞价值，比如水泥运输船，人们就会放弃打捞，直接在水中用炸药炸毁，也好清理航道。

中国航海之路的开辟

早在石器时代，我国已经开始航海活动，人们曾在台湾岛的高雄、台中、台南等地发现我国古代创造的器物。我国东南沿海地区创造的"有段石锛"，也在浙江、闽南、闽北等地区出土，甚至在菲律宾、南美洲等地也有发现。

在我国西周时期，航海活动已经不足为奇，汉代学者王充在《论衡》中说："越裳献雉，倭人贡畅。"到了战国末期，中国古代航海活动发展迅速，沿海地区纷纷设立港口，岛屿与大陆之间的联系也日益密切。秦始皇对航海活动也相当重视，统一中国后，他曾五次出航到各地巡视，还在芝罘刻字立碑。

秦始皇在青年时期铁腕专政，统一中国，到了晚年，却迷恋长生不老之术，笃信命数。他广招贤能异士，炼制长生不老的丹药。当时有群乌合之众，听闻秦王痴迷寻找仙药，便赶赴咸阳，投奔秦朝。

有个名叫卢生的方士劝谏始皇说："臣等寻找灵芝、奇药和仙人一直找不到，一定是有恶鬼阻挡。您需要秘密出行，才能驱逐恶鬼。恶鬼避开了，仙人才会来到。您居住的地方不能让他人知晓，否则会妨害与仙人交往，如此一来，或许能够得到不老药。"始皇听了信以为真，下令将咸阳200里内的270座宫殿，都用亭台楼阁链接起来，把帷帐、钟鼓和美人都安置在里边。如果有人泄露他所在的地方，就会立即处死。

后来秦始皇命令一个叫徐福的方士，带领众人四处寻找仙药，但始终没有找到。徐福害怕遭受责罚，便谎称："海中蓬莱、瀛洲、方丈三座仙岛，那是神仙住的地方，不老之药就在仙岛上。"秦始皇信以为真，立即命他带领三千名童男童女，乘楼船入海求仙山。徐福率领众人远航而去，自知没有仙山，只好东渡日本。

汉唐两代是中国历史上最繁荣昌盛的朝代。汉朝时期，航海活动日渐兴起，古人不仅开拓了沿海航行，而且向远洋发展，开辟了与西方罗马帝国的海上贸易活动，这也是"丝绸之路"的开始。

当时，不论是中国还是西方国家，都只能掌握最基本的航海技术，当船舶航行在浩瀚无垠的大海时，古人只能以观察日月星辰来引航。北宋年间，中国古人将指南针应用到航海活动中，成为全天候的引航工具，弥补了天文、地文导航的不足。南宋诗人吴自牧在《梦粱录》中写道："风雨晦冥时，惟凭针盘而行。"到了12世纪，船用指南针已经通过阿拉伯传入欧洲，间接带动了欧洲航海的发展。

15世纪时东西方航海事业蓬勃昌盛，亚欧海上贸易日渐密切。明朝永乐三年，皇帝授命郑和为正使，王景弘为副使，率领28000余人和68艘大船远赴西洋。当时，郑和船队满载瓷器、丝绸、茶叶、香料等货物，从苏州起航，来到福建，再从福建航至杨帆，再辗转来到越南，随后朝

十二世纪指南针

爪哇方向南航。历时一年之久，郑和率领船队抵达爪哇大陆，进行贸易。

当时爪哇国正值内战，战火连天、狼烟四起。在西爪哇与东爪哇厮杀时，西爪哇杀死了郑和船队的170名士兵。眼看战事告捷，西王接到线报，得知战乱中杀死众多中国士兵，西王唯恐郑和等人反击，立即献上6万两黄金，以作补偿。后来郑和率领船队来到三佛齐旧港，当地海盗横行，搅得民不聊生。郑和见此，没有坐视不理，他率领士兵奔赴战场，剿灭贼寇5000多人，火烧贼船，生擒海盗头领陈祖义，当地百姓无不感谢郑和等人的善举。

离开港口后，郑和率领船队来到苏门答腊、满剌加、锡兰、古里

海底静默的珍宝

等国家，并和众国建立了友好的关系。永乐五年，郑和船队满载海外货物，押送陈祖义等人回国，回国后，陈祖义等人被斩首示众，朝廷厚赏擒贼有功的将士。郑和回国十几天后，再次率领两万余人远航西洋。

郑和在第七次下西洋时已有 62 岁，当船队抵达印度时，郑和因操劳过度病逝。在七次远航西洋的 26 年间，郑和访问了占城、爪哇、泰国、满剌加、南巫里、印度南端、锡兰、越南、印度西南岸、古里等 36 个国家，不仅促进了海外贸易往来，还传播了中国的文化。

明朝中后期，海疆动荡不安，倭寇时常侵犯沿海地区，为保江山稳定、防止奸民叛国，明政府下令"海运严禁"，不仅禁止远航的海外贸易，甚至不允许百姓打鱼和沿海贸易。后来明朝覆灭，清朝兴起，由于常年战火不断，百姓生计无着，纷纷铤而走险，私自将瓷器、丝绸等货物销往海外，这让倭寇在沿海地区更加猖獗。另外，由于海禁中断了中西之间的正常交流，使中国开始落后于西方国家。

虽然如此，但明清海禁却成为东南亚地区陶瓷业发展的契机。同时，明清的藩属国如琉球等国家，也因海禁的关系，透过朝贡贸易取得独占大陆贸易的利益。直到清朝中期，中国才再次打开国门，恢复海外贸易，为防倭寇横行霸世，清政府下令，船舶只能从广东港口出海，这也是中国古船大多都出自广东、福建等沿海地区的原因。

世界各地著名的沉船点

大海广袤无垠、辽阔无疆，早在几千年前，人们对航海之旅就充满向往。然而，这浩瀚无垠的汪洋大海，不仅充满神秘，而且蕴藏着重重杀机。翻卷奔腾的骇浪、怒吼狂啸的飓风、烟云笼罩的海雾，个个都是藏于深海的凶手。神秘莫测的大西洋、危机四伏的百慕大三角，

沉／没／的／珍／宝

Sunken Treasure

不知吞没了多少无辜的船只。

自 15 世纪，各国探险家、航海家，冒着生命危险，纷纷漂洋过海，开辟新航线、探索未知海域和大陆，使人类航海发展得到了进步。闻名世界的航海家哥伦布，在第四次远航美洲时，途经百慕大三角海域险些遭遇不测，这次航行经历令他终生难忘。

1502 年，哥伦布率领他的航海队奔赴美洲，当船队靠近百慕大三角海域时，海面突然狂风四起，船队好似航行在峡谷之间，几乎不见天日。哥伦布立即下令向佛罗里达海岸靠近，好避开这股凶猛的暴风，然而接下来的一幕令所有人震惊不已，船上的罗盘统统失灵，船员们根本辨不清方向。一连七八天，狂风不减，乌云密布，哥伦布从没遇到过如此强烈的风暴，船队犹如一片浮萍，在风浪中载沉载浮。幸运的是哥伦布船队在歪歪斜斜的波涛浪谷中脱离了险境。不过，百年后的一艘法国货船——"罗莎里"号就没有那么幸运了，当它航行到百慕大三角海域时，竟然连船带人一起消失了。

浩瀚无垠的大西洋也是海难多发区。在南大西洋和北大西洋海域，各有一个令人闻风丧胆的"魔鬼海域"，一个是赫赫有名的南坟场——美国东海岸的哈特勒斯角；另一个是令人生畏的北坟场——加拿大新斯科舍半岛东南方的塞布尔岛。

哈特勒斯角是一个变幻莫测的浅滩区，它曾毁舟千艘，沉尸万具。1958 年，意大利货船"鲍吉塔斯"号航行至哈特勒斯角，当时海面掀起千层巨浪，暴风雪卷席而来，"鲍吉塔斯"号在涌浪中摇摇欲沉。老船长见势不妙，立即发出求救信号，但依旧没能逃脱沉船的厄运。当人们收到求救信号后，救援船立即赶赴出事地点，然而已经于事无补，海面空空如也，"鲍吉塔斯"号早已沉没海底。

在碧波万顷的北大西洋中，有个叫塞布尔的灾难之岛。塞布尔是一片沙洲，加拿大的渔夫说，岛上的沙丘会随海水而变色，远远望去，

危机四伏的塞布尔岛

它与深海融为一体，叫人难以发现。1840 年，一艘名为"米尔特尔"号的英国轮船，在航行到塞布尔岛附近时，被海上突如其来的狂风刮进了流沙浅滩。老船长见"米尔特尔"号搁浅，只好带领众船员跳海逃生。谁也没想到，这片浅滩淤泥极软，船员们刚跳入大海，就陷进淤泥里动弹不得，越是挣扎，陷得越深。船员们惶恐极了，一面拼死挣脱，一面大声呼喊，但已无济于事，所有船员都被这片浅滩吞没了。时隔 30 年，悲剧再度重演。一艘美国客轮载着 129 名乘客从纽约奔赴格拉斯哥，途中经过北大西洋，却因海雾迷失了方向，搁浅在塞布尔岛上。幸运的是，救援人员及时赶到，遇难者顺利脱险。

　　太平洋的"龙三角区"与百慕大三角海区一样，每当船舶、潜艇、飞机途经此海，时常会出现罗盘失灵、无线电故障或中断现象，甚至凭空消失，一去不返。20 世纪中期，一架载着 67 名军人的美国飞机，从威克岛起飞，准备飞往东京国际机场。在它飞行了 9 个小时后，来到龙三角海域上空。当时阳光明媚、万里无云，非常适合飞行，然而在飞机组员和东京机场通话后的一分钟，它竟凭空消失再无音讯。

被称为"神秘的死亡之海"的阿尔沃兰海在西地中海海域，它的气候条件并不十分恶劣，但在这片海域失事的船只，竟也不在少数。20世纪60年代，"马埃纳"号航行至阿尔沃兰海时不幸遇难，"马埃纳"号沉没前，发出了断断续续的求救信号。翌日上午，海岸电台收到了另一艘渔船发来的电报，电报说，他们在博哈多尔角附近，发现了7具穿着救生衣的尸体。不久后，救援队赶到事故现场，证实那7具尸体就是遇难的"马埃纳"号船员。五天后，人们在海域附近先后发现另外5具尸体，但另外4名船员始终下落不明。

"马埃纳"号的遇难实在让人觉得蹊跷，为何船员发来的求救信号模糊不清，在短短的十个小时内，12名船员为何离奇死亡，另外4名船员又身在何处？直至今日，"马埃纳"号遇难之谜仍未解惑。

同样多发海难的还有南极的神秘海域——威德尔"魔海"。曾有人说，威德尔海面的浮冰就是魔鬼的牙齿。威德尔海是由英国探险家詹姆斯·威德尔以自己名字命名的，它位于南极边缘，也是南大西洋的一部分。之所以称其为"魔鬼海域"，并非空穴来风，这片海域四季如冬，即使是盛夏，在威德尔海北部，也时常可见大大小小的流冰。这些流冰群犹如一面冰砌的城墙，首尾相连，还不时簇拥着几座数十米高的冰山，阻碍航船的去路。20世纪初，一艘名为"英迪兰斯"号的英国探险船，在途经威德尔海时，遭遇流冰群的围困，被冰封在海面动弹不得，直到翌年盛夏，冰层崩裂，"英迪兰斯"号才得以脱困。然而，由于长时间的禁锢，加之海面波涛不断，流冰群对"英迪兰斯"号不断撞击，"英迪兰斯"号的船板最终不堪重负断裂开来，仅一会儿工夫就身沉大海，船员无一幸免。

Part 2

黄海、渤海和日本海
沉船考古

黄海、渤海是我国北方内海，早在西汉时期，就有船舶横跨南北海域之间，以及越洋朝鲜、越南、日本等邻近国家。人们在这一水域考古发现的沉船数量不多，时代也不平衡，其中包括韩国新安、辽宁绥中、甲午海战在内的若干大型沉船，为古代沉船研究提供了重要资料。

新安元代沉船

新安沉船是 20 世纪 70 年代在朝鲜新安海域发现的一艘中国古代沉船。这艘沉船的发现，对了解元朝海外贸易、瓷器出产以及海外航线等，都具有重要的研究意义。

1975 年盛夏，韩国新安渔民在道德岛附近海域捕鱼时，无意打捞出三十几件中国瓷器。翌年隆冬，韩国文化部文物局立即组织了一支由考古学家和海军潜水员组成的水下考古队，对该海域进行水下探摸，发现沉船遗址。1977 年到 1984 年，考古队对该沉船进行了 10 次大规模的探察和发掘，找到了较为明确的木结构船体遗迹，以及大量船货等遗物。

经过多年的努力，新安沉船的船板、龙骨、线板等 2566 件构件，先后打捞出水，考古人员通过水下记录和对出水木结构的研究，大致恢复了新安沉船的规模、形态以及结构。这艘沉船残长 21.8 米、宽 6.4 米，两端较窄，龙骨分成三段，将艏、舯、艉三段连接。外壳板的上下板材之间，犹如鱼鳞重叠的形式搭接而成，前后板材间采用凹凸槽和搭接方式。另外，考古人员还在沉船中发现了梯形舷墙结构和两个桅座，为复原其上部结构提供了明确依据。

经过 8 年的发掘和探察，考古人员从新安沉船打捞出 2 万余件陶瓷器，3000 余件金属器、紫檀木，以及重达 28 吨多的中国铜钱。其中打捞出水的 20664 件陶瓷器，多为碗、钵、盘、盏等器形，经过鉴定这批瓷器大多来自中国瓷窑。其中有 10652 件浙江南部龙泉窑的青花瓷器和 5120 件白瓷、影青瓷，以及白釉瓷等。其中值得重视的是这批瓷器中，有 6 件瓷器被鉴定为朝鲜生产的"高丽青瓷"。

沉船中的香料极多，有檀香木、药材、胡椒、果核等。考古人员根据船内堆积的残渣，推断香料数量极大。其中残存下来 1 ~ 2 米的紫檀木就有 1017 根，足以说明香料也是主要货物之一。除此之外，船内还有 729 件金属器，有瓶、香炉、灯盏、小佛像等配套宗教用具，还有不少铜镜、水注、钵、容器、乐器、锁、炊具等日常生活用具，另外还有砚台等石器具。

人们在船内发现的中国铜钱数量是沉船发现史上绝无仅有的，新安沉船发现的铜钱数量无法统计，重量达到 28 吨，有包括"五铢"在内的 52 个品种，分别为唐、宋、辽、金、元、西夏各朝铜钱，最晚的是元代"至大通宝"。如此大量的铜钱，完全超过了正常海上贸易对

日本木屐

于货物的需要。有专家指出，元代时期，日本曾派遣商人来到中国用黄金换铜钱，此次这些铜钱应该是运往日本的特殊船货。

考古人员还打捞出许多保存完好的木桶、木箱，其中一个木箱里装满了胡椒，另一个圆形木桶里则装满了景德镇白瓷器皿。这些木桶和木箱上还有"大吉""子显"等汉字。此外，与船货一起发现的，还有 150 余件墨书"又三郎""天草口郎""纲司"等名姓符号的木牌，应该是标志货主的货签。

船内还有一些船员的生活用具，如日本产的古濑户瓶、铜镜、漆碗、木屐、棋子、剑炉，以及中国式的炊锅和高丽式的汤匙等。根据这些器具，一些学者认为该船可能集中了中、日、韩三国船员，这对复原社会生活具有重要意义。

虽然新安沉船中没有明确年代的文物，不过学术界已经提出一些

可接受的推定意见。我国学者李德金等在仔细研究沉船瓷器后认为，这些沉船中的中国瓷器是元代中晚期和 14 世纪上半叶的产品；沉船发掘队队长、韩国中南大学尹武炳教授认为，船上铜钱最晚的是"至大通宝"，所以沉船应该晚于该钱币始铸年代 1310 年，船货木签中有两件墨书"至治三年"即 1323 年，因此沉船应该在此后不久。不过，李德金等学者在船上发现印刻"使司府公用"青瓷盘，因此认为"使司帅府"专用瓷器"流落"到远航国外的货船上，只能是该机构被撤除以后，也就是 1354 年以后、1367 年之前。

这艘满载中国货物的商船，究竟要驶往何处？学术界多数倾向于日本，因为日本是长期以来中国输入瓷器和铜钱的国家。那么这艘船的始发港又在哪呢？关于这个问题学术界颇有争议，主要有两种看法，一种是"宁波说"，另一种是"福州说"。韩国学者尹武炳教授和我国部分学者认为，船载瓷器绝大多数为浙江龙泉窑的产品，而且在船上出水一件铸有"庆元路"字铭的秤锤，这对该船始发港口提供了重要依据，极有价值。而"福州说"的主要依据是沉船的船体结构。航史学家西龙飞先生根据船体形态特点分析认为，"新安沉船是中国著名船型之一的福船船型，它的基地港主要是泉州和福州"，"该沉船从福州开出的将更加合理"。台湾学者陈擎光先生根据瓷器的产地与输出路线分析，认为沉船上的龙泉系青瓷多数是闽江上游的松溪等窑口的产品，与建窑系黑瓷等都可以从闽北水系运到闽江口，因此他支持"福州说"。

1984 年，对新安沉船打捞作业接近尾声，这艘散乱的船体得到了复原，并陈列在木浦市一个特别修建的长廊内。该沉船复原后，长 34 米、宽 11 米，重 200 吨，是世界上现存最大、最有价值的中国古代贸易船，也是现存最古老的船只之一。

绥中三道岗沉没的古船

1991 年 7 月，辽宁省绥中县大南铺村的渔夫，在村子南边的三道岗海域拖网捕鱼时，偶然打捞出一网残旧的瓷器和一些破碎的船板。众人觉得十分新鲜，怎么打渔还捞出了瓷器？正当大家想把这些瓷器抛下水时，一个渔夫眼尖，瞧见网子里有不少完整的瓷器，阻止了他们。渔夫们把这些瓷器倒出来，发现破旧瓷器中还藏着许多完整的瓷器。这些瓶瓶罐罐，有的成色鲜亮，文饰也精美，大家挑了几件好的，带回家做个装饰。当时有个渔夫有本事，他瞧着这瓷器不像近代的东西，前思后想终于幡然醒悟，他猜想这片海域没准有沉宝船。于是，他把这个消息上报给辽宁省文化厅，文化厅又将线索上报国家文物局。

10 月份，国家文物局委派中国历史博物馆考古队，赶赴绥中三道岗海域进行调查，几天后，考古人员根据渔夫提供的线索，在三道岗海底发现一艘古沉船。1992 年到 1997 年的 5 年间，广东省考古研究所、福建省博物馆、厦门大学历史系等单位，对该沉船先后进行 5 次发掘、打捞作业，获得各类器物 600 余件，并初步判断出这是一艘元代前后的船只。

考古人员发现该沉船时，它的木结构船体已经荡然无存，残余下来的零星船板也无法复原船体原有的形态和结构。不过，人们从沉船货散落在海底堆积的现状分析，发现了对沉船船体进行复原的有效依据。经过勘测、分析，沉船上铁器船货的锈蚀凝结和海洋污损生物的强烈附着，绝大多数沉船船货已经凝结成大型的块状堆积物。相关专家分析，沉船沉没后，它的木质结构不会立刻腐朽殆尽，而是在相当长的一段时间内围括全部或局部船货，直到船货凝结成块状堆积。考古人员发现，这些块状凝结物呈现出有规律的成组排列的形式，类似于船舱堆置的货物模式，这恰好证明凝结物是在木结构船体腐朽之前

沉／没／的／珍／宝

Sunken Treasure

形成的。因此，这些凝结物就成了复原船体立体结构的重要依据。

从船内堆置的货物位置来看，堆积主体的南北长度与沉船原体的艉艉长度有密切关联。人们在水下勘测大型凝结物时发现，南北长约18.6米，东西向宽约8.4米，凝结物厚度约3.15米。由于货舱以上甲板的规模要大于此，专家推测原船长度为20～22米、宽8.5～9米、高3.2～3.5米。沉船结构复原后，它的艉艉为方形，船底形态较平缓呈弧形。由于凝结物体北端外散落堆积延伸较远，而南端的凝结物与堆积向下陡落，因而这是一艘船首朝北、船尾背南的沉船堆积。

历时5年的打捞工作结束后，从沉船出水的文物有近600件，其中绝大多数都是陶瓷器，当地渔夫打捞出水、被有关部门征集的瓷器也有近600件。在这千余件瓷器中，大多是白釉褐花产品，也有少量黑釉、青瓷器。这些瓷器种类繁多，主要是以白釉褐花图案和"风花雪月""寿"等文字题款的碗、碟、罐、盆等器类，据相关专家分析，这应该是成批的船货。其中有描绘"鱼藻"纹样的盆、"龙凤"纹样的罐，这些都是这批船货中上等精品。三道岗沉船出水瓷器的特征、风格与元代磁州窑系产品如出一辙，任何瓷器都能在河北磁县的窑址中找到相同内容，因此该沉船船货应该产于河北磁县。

除瓷器外，考古人员还在沉船中发现了少量铁器制品，有铁犁、铁锅等。不过，这些铁制器具并没

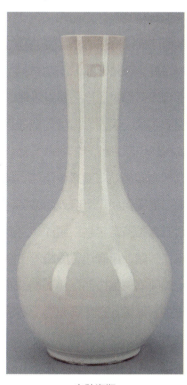

白釉瓷瓶

有被泥沙埋没，而是长年累月地暴露在海底底面，由于铁制品自身的锈蚀和海洋贝类生物正常污损附着，长年累月下来，它已经形成长方体状的大型沉积物。这些铁器大部分依旧沉没海底，从出水的铁犁、铁锅的形态看，与宋元北方各地的铁器没有差别，它们应该是中原或北方某地铸造的产品。

经过考古人员不懈努力，大部分文物得以完善保存。随着相关专家的鉴别，这艘长眠百年的元代沉船的历史瞬间，也渐渐呈现在世人眼前。

在 700 多年前，一艘满载磁州瓷器的商船离开河北直沽码头，奔赴遥远的辽东。船主和船员们满心欢喜，满船的货物无疑会给他们带来丰厚的财富。然而，谁也没有想到，这竟是他们的最后一次航行。

夜色降临，海面和黑色交织在一起，船员的视线也越发模糊。强劲的西南风掀起惊涛骇浪，商船犹如一片浮萍，被涌浪抛来抛去。突然，一道白光划破天际，耳畔传来轰隆隆的雷声，大雨如瓢泼般倾泻而下。尽管船员们对此已经司空见惯，但如此恶劣的天气还是把所有人的心提到了嗓子眼儿。为了安全抵达辽东，船主决定先把船靠近陆地，躲避这场狂风暴雨。

当商船航行到绥中海域，越来越靠近三道岗，谁也没想到，此时的三道岗犹如一个巨大的漩涡，随时可能吞噬一切敢于靠近的船舶。由于六股河常年卷席泥沙，三道岗形成了水下沙脊地貌，这里的海坡不仅陡峭，还有湍急的暗流。商船航行至此时，一个大浪横劈过来，商船瞬间失去控制，船员们惊慌不已，正当大家准备抛下铁锚时，又一个恶浪猛扑过来，大船上下翻转，转眼间就和它的货物消失在波涛骇浪之中。

700 多年来，这艘商船和它的宝物一直长眠海底，直到 1991 年才得以重见天日。但是，这艘船的主人以及船员的命运，人们仍然不得而知。或许这艘沉船还有更多不为人知的谜团，等待着善于探索的人们去解答。

藏匿山东省的古代沉船

1975 年，山东省平度县菏泽东岸的海滩空地上，因雨水泛滥冲出一艘古代沉船，翌年山东省博物馆组织了考古队对该船进行清理、发掘。

这是一艘双体船，它的左右两边分别由三段粗大树干刳成两艘独木舟，继而将这两艘独木舟纵向连接起来，形成一个加长式独木舟。该船的横剖面呈 U 字形，每侧的三段独木舟之间用蛇形榫槽连接，并用铁钉固定，船身两侧都附接翼形木板。船的内凹槽最深部分在船中，并向两端逐渐圆浅，正船内两端翘起、艏艉向内收缩变窄。两侧的两列独木舟之间连接横梁，并用厚大的木板覆盖，横梁衔接在两独木舟侧壁对称的榫孔中，从榫孔分布看，有 20 余根横板，现残存中部 5 块连板。船体残长 2.24 米，复原全长达 23 米，宽 2 ～ 2.82 米，其中独木舟的宽度为 0.62 ～ 1.05 米。

这艘独木船是用中国南方特有的樟木和枫香木材建造的，因此考古人员推测该船源于南方。人们还在沉船所在的地层，发现了十几件陶瓷器和"五铢"铜钱，经过鉴定，专家确认这些青瓷器碎片为隋代产品，"五铢"钱币的笔画和造型也是隋代"五铢"，因而这是一艘隋代沉船。

除 1975 年在平度县发现的独木船，考古人员还在山东省蓬莱县发现了三艘古代木制沉船。1984 年，考古人员在蓬莱县登州港发现了三艘古代沉船，并对其中一艘进行了清理、发掘。由于这艘沉船在蓬莱县发现，因此人们称它为蓬莱古船。

出土的蓬莱古船

发掘出来的这艘蓬莱古船残长 28.6 米，残宽 5.6 米，残深 0.9 米，这是我国迄今为止发现的最长的古代沉船，这对研究东方海域古代战船的形态和结构提供了重要资料。它的船头较尖而船尾较宽，船型瘦长，复原后全长 35 米、宽 6 米。

蓬莱古船的船底采用圆弧形态，龙骨由三段全长 26.6 米的松木制成，采用榫卯连接并用铁箍和铁钉加固。它的外壳板用杉木制成，分别用榫卯结构和铁钉甲板，用艌料添堵缝隙。船内共设置了 13 道隔仓板，形成 17 个水密隔舱，在靠近龙骨处的隔仓板下部都留有水眼。古船甲板以上的桅、杆、舵早已不复存在，不过第 2 舱和第 7 舱内桅座以及第 14 舱内的舵座依然保存完好。

考古人员在船舱里还发现了大量铁器，如铁剑、铁炮、铁铳、铁炮弹等武器，还有草席、龙泉青瓷碗、充满异域风情的高脚杯、滑轮等器具和日常用具。相关专家根据船上残存的武器推断这是一艘出入沿海区域当巡逻用的、有较高航速的战舰，它为复原研究中国古代海军兵器与舰上军事生活提供了重要资料。

元代沉船——"菏泽"号

2010 年 9 月 17 日上午 10 点左右，菏泽国贸中心工程建设负责人张文昌到工地视察，瞧见几个工人正在清洗两个陶罐。出于好奇，张文昌便上前询问，得知是工人们在工地一角建地基时挖出来的。张文昌瞧这陶罐不像寻常物件，觉得很可能是文物，就打电话报了警。

两天后，菏泽市文物管理处的考古人员赶到工地，对附近土地进行挖掘清理工作。正如张文昌猜测，那两个陶罐果然是文物，而且在这片土地下面，还埋藏着一艘古船。经过一天的挖掘工作，这艘古代沉船已经初露端倪。上午 10 点多钟，天空洒下绵绵细雨，为防止清理干净船体因雨水和泥沙的冲击而变形，工作人员用木板、塑料等物给古船搭了一个防护棚。

这艘菏泽古船部分长 13 米、宽 4.5 米，它的艄艉还没完全出土。相关专家根据古船的轮廓分析，该船应该有 6 个船舱，有 5 个船舱已经被清理出来，埋藏在泥沙里的船尾部分应该长约 3 米，还有一个船舱。为保证菏泽古船的完整，考古人员特地到造船厂请来两个资深造船工人。这两个船工已经七八十岁高龄，他们从业造船事业有几十年了，对船体的形态和结构相当熟悉。

两位老人得知发现了一艘古船，二话不说答应前来助阵。两人一看古船，就知道每个舱位的作用，考古人员在两位老人的指引下，事半功倍，从船舱里出土了一批文物。老船工说："位于艄部的那个船舱，应该是当时的厨房；厨房前面的船舱，应该是船主的休息舱。"正如老人所料，船体出土后，经过专家鉴别老人所言不虚。

考古人员还在第二个舱室里发现了几个青花瓷瓶。经过鉴定，这些青花瓷出自元代，应该是古人的生活用品。除此之外，人们还发现了许多铜钱、玉器、陶器、瓷器、金属器皿等几十件文物。当时考古

出土古船

人员并不能准确判断沉船的具体年代，初步判定是宋元时期。其中，出土的铜钱的就是宋代的产物。

在众多出土的珍贵文物中，有几件文物可谓是价值连城。考古人员在对舱室进行发掘时，先发掘出了两件破碎的青瓷盘，不久后他们又出土了一件几乎完整的青花龙纹梅瓶，这让考古人员们惊喜不已。

值得一提的是，在这批出土文物中，有三件元代青花瓷器。不久后，考古人员还出土了一批稀世罕见的珍宝，其中包括漆器、玉石、陶器、玛瑙、金饰、木尺等。这些瓷器大多出自景德镇、龙泉窑、钧窑、磁州窑和哥窑，具有代表性的有磁窑龙纹罐和钧窑影青釉杯盏。另外，出土的一对儿寿山石罗汉雕塑也让考古人员吃惊不已。根据菏泽古船的船型结构以及出土文物，专家初步推断这是这是一艘元代官员或商人在内河航行时用的船只。

根据地貌、地层分析，北京大学夏正楷教授认为，当时这艘古船的左侧方位，很可能在沙洲搁浅，它沉没时河水自西南流向东北，在湍流的推助下，导致古船触浅滩侧翻。不过，两个老船工却有另一番见解，他们认为，古船在行驶过程中，船头应该遭遇过其他船舶撞击，从而导致船头变形，最后左侧碰浅滩侧翻而沉。船上的遗物之所以如此丰富，则是因为船员们仓促撤离，没有打捞船上的珍宝，加之泥土层对古船的覆盖，阻隔了空气的腐蚀，这才使古船得以保存。

这艘古船是菏泽市历次发掘古船之中，保存最好、出土文物最多、历史价值最高的沉船。令人遗憾的是，该船无法整体出土，考古人员只好对每块木板进行编号，继而一块块将船板出土，再将它复原。

菏泽古船的发掘和出土，为我国沉船考古事业提供了重要线索，对探究我国古代船舶的发展有着重要的意义，该船船体保存较为完善，为元朝木质船只的制作工艺提供了确切的标本。

日本长崎鹰岛元代战舰

1275 年 2 月，忽必烈派遣使臣前赴日本，却不想使臣刚到日本，就被镰仓幕府杀死了。中国自古就有"两国交战不斩来使"之说，忽必烈得知使臣已被处死，龙颜大怒，立即发兵征讨日本。

日本与中国隔海相望，忽必烈集结了史无前例的大批舰船和数十万士兵和水手，准备讨伐日本国。几年来，忽必烈曾两次派遣规模巨大的舰队远征日本，但都失败了。两场台风阻挡了大军去路，数十艘舰船粉身碎骨，沉入深海。

一直以来，历史学家们对这一事件颇有争议，有人认为征讨日本是神化忽必烈的传说，也有人认为它确实存在。直到20 世纪 80 年代到 90 年代，人们在日本鹰岛海底发现了元朝战舰残骸，才使"征讨日本"之事，有了历史凭证。

忽必烈

沉没日本海的中国古船

福冈县地处日本西南九州岛西部，和长崎县一样都是中国大陆文化从海上进入日本的重要港口，也是中世纪以来日本最重要的商港。自12世纪以来，福冈博多在中国文化的影响下发展迅速，这主要是因为当时中日海上贸易密切，因而，人们在福冈附近海底发现中国古船也不足为奇。

在博多湾沿海，人们曾发现许多古代碇石，这也是最明确的古船沉船遗物之一。早在1931年，修筑博多湾的工人们就在海底发现了9件被称为"蒙古军船碇石"的遗物，在以后的历次滨海工程中，人们又相继发现不下30个碇石，同时还有中国宋代的钱币和瓷器。这些碇石同样包括了柳田纯孝所区分的两类形态，一种是两件式的"鹰岛型"，另一种是对称式的"博多型"。这些碇石中有些可能与元朝海军在攻打日本时沉没的舰船有关，但更多让人联想到的是，中世纪以来日益鼎盛的中日航海事业。此外，在1962年，人们还在

繁华的博多湾港口

博多湾内打捞到宋元时期的"海兽葡萄纹"铜镜等遗物，也是同期沉船的重要线索。

不只在福冈县附近海域，日本的友岛海域也曾打捞出中国沉船。友岛海域位于日本濑户内海东部，自20世纪50年代以来，当地渔民就经常在捕鱼时，从海底打捞出古代瓷器。经过专家鉴定，这些瓷器主要来自中国，是明代时期的产品。其中包括绘制菊花瓣纹书写汉字"福""寿"等字款的青花碗、瓶等器物，专家初步推断这是一艘中国明朝贸易的商船。不过，这片海域水深达80米，超出了常规潜水的极限，所以还没有开展水下调查工作。

甲午海战"致远"号沉没

"致远"号是一艘巡洋舰，它是中国清朝北洋水师从英国阿姆斯特朗船厂订购建造的一艘穹甲防护巡洋舰，也是"致远"级巡洋舰的首舰。它全长76.2米，吃水最深4.57米，航速可达18.5节。在舰首、尾位置各配备了一门克虏伯舰炮，而且还带炮盾；舰船中部两侧配备一门舰炮，均带炮盾；舰首和舷侧还有四门直径2.2英寸的舰炮。另外，它装有4具鱼雷发射管和10门机关炮，是当时北洋水师主力战舰中最强、最快的舰船。

"致远"号和姊妹舰"靖远"号以及同一时期在德国订购的"经远"号、"来远"号在竣工下水后，都加入到北洋水师。但没过多久，清政府便以各种理由，停止为北洋水师购买新武器。于是，在中日甲午战争中，"致远"号和"靖远"号就成为北洋水师最先进的舰船。

北洋水师建立初期，北洋大臣李鸿章通过中国海关公司，从英国阿姆斯特朗造船厂购买舰船。早期，李鸿章从阿姆斯特朗造船厂购买了一艘小吨位的炮艇，用于近岸防御，并称它为"蚊子船"。后来又

民族英雄邓世昌

从造船厂订购了一艘可以远洋作战的"扬威"号快速巡洋舰。不过，这次交易并没有让李鸿章感到满意，于是在订购大型铁甲舰时，他改从德国的伏尔铿船厂购买。李鸿章发现购买"定远"号、"镇远"号后，还有一笔余款，于是他又从伏尔铿购置了一艘名为"济远"号的巡洋舰。

中法战争过后，福建水师被灭。清政府下令，命李鸿章再从海外进购4艘巡航舰。最开始，李鸿章打算按照"济远"号的规模，再建造4艘战舰，但清政府朝野对"济远"号颇有争议，而且当时德国的舰船技术并没有英国成熟，朝中大臣经过一番商讨，最终决定分别在英国的阿姆斯特朗造船厂和德国的伏尔铿造船厂，各订购两艘巡航舰。在德国伏尔铿订购的两艘装甲巡洋舰分别取名为"经远"号和"来远"号；而在英国建造的两艘穹甲巡洋舰则取名为"致远"号和"靖远"号。1887年9月，"致远"号和"靖远"号竣工，一同开回中国。12月份，两艘战舰抵达厦门，正式加入北洋水师。

1894年9月17日，"致远"号在大东沟海战中，身受重创、烈火焚身，最终沉没深海。当时，"致远"号率领一众船队冲进战场，与敌军拼个你死我活。在邓世昌的指挥下，"致远"号如鱼得水，在沙场奋勇杀敌。没过多久，邓世昌发现日本的援兵来到，日舰把"致远"号团团围住，"致远"号舰体破损，多处受伤。不多时，"致远"号冒出滚滚浓烟，一股烧焦的味道弥漫四处，这时舰船突然一阵晃动，倾斜插入水中。

邓世昌奋勇上前，鼓励全舰官兵说："吾辈从军卫国，早置生死于度外，今日之事，有死而已！""倭舰专恃'吉野'，苟沉此舰，足以夺其气而成事"，话音未了，邓世昌毅然驾舰全速撞向日本主力舰"吉野"号的右舷，要和敌舰同归于尽。日本人见状，各个人惊失色，立即集中炮火向"致远"号射击。

数炮齐发，"致远"号飞速躲闪，却不幸被一发炮弹击中鱼雷发射管，只听一阵震耳欲聋的爆炸声，"致远"号消失在海面。邓世昌和众官兵落入水中，他的手下想把救生圈抛给他，救他性命，却遭到了他的拒绝。邓世昌说："我立志杀敌报国，今死于海，义也，何求生为！"他养的爱犬"太阳"游到他身边，咬住他的胳膊，想把他拖上岸去。邓世昌誓与军舰共存亡，毅然把"太阳"按下水中，自己也沉没在波涛之中，和战舰其余的 250 余名官兵一同壮烈殉国。

清末著名书画家高邕垂泪撰联"此日漫挥天下泪，有公足壮海军威"，光绪帝赐予邓世昌"壮节公"谥号，并追封他为"太子少保"，让他的灵位入京师昭忠祠，并且亲自提笔为他撰祭文、碑文。李鸿章也在《奏请优恤大东沟海军阵亡各员折》中为他表功，说："而邓世昌、刘步蟾等之功亦不可没者也。"清政府还用三斤黄金制成一块金匾，上面刻着四个大字"教子有方"送予邓母，又拨给邓家十万两白银以示抚恤。

时隔多年，邓世昌以身殉国的故事再次展现在世人眼前。1938 年到 1939 年，日本政府曾组织打捞船队，对沉没大东沟海的四艘舰船进行打捞和拆卸，使这些舰船遭到严重破坏，沉舰甲板以上的构造几乎荡然无存，而甲板以下的部分，依旧陷入泥沙之中。

新中国成立后，为教育后世子孙，也为慰藉英灵，国家有关部门曾先后三次试图打捞"致远"号，但都因各种条件限制没有实现。1988 年，辽宁省文化厅曾组织打捞船队前赴大鹿岛，试图打捞"致远"号。不幸的是，在进行探摸时，一名潜水员遇难身亡，打捞只得搁浅。时隔 9 年，打捞船队再次来到辽宁东港市的大鹿岛海域，通过声呐勘测出大鹿岛的西南海域有 4 艘沉船。

经专家勘测，其中一艘沉船正是 100 多年前为国捐躯的"致远"号。1997 年 5 月 2 日，打捞船航行至"致远"号沉没的附近海域，拉开了探索、打捞"致远"号的帷幕。令人遗憾的是，经过一个多月的探摸，4 艘舰船的位置始终没有确定下来。两个月后，打捞队离开大鹿岛，开始了大范围的调查搜索，先后去了大连、北京、天津、杭州、丹东等地。

直到 2013 年 11 月，国家文物局水下文化遗产保护中心和辽宁省文物考古研究所联合在这片海域进行水下考古，调查当年甲午战争在大东沟海战沉没战舰。经过半年时间的调查和探摸，人们在该海域附近发现一艘古代沉船。由于对该船的身份还不明确，因此将它暂命名为"丹东一号"。

2015 年 8 月，国家文物局对"丹东一号"进行了调查和打捞。经过一个多月的努力，一大批文物陆续出水，其中包括炮弹、炮管、弹头等各种武器和弹药。数日后，考古人员从海底打捞出一些瓷器碎片，而瓷器上面的繁体字正印证了该船的身份，它就是人们寻找多年的"致远"号沉舰。水下测绘图显示，"致远"号大部分舰体都被埋在泥沙之中，探明长度从桅杆到艉部约 50 米，宽 9 ~ 10 米，它的船体外壳由铁板构成，并用铆钉连接，两侧舷边多因崩塌而平摊沙层中。虽然船体外轮廓形态保存较好，但船舱受战火及其他因素影响受损较重。抽沙之后，人们发现沉船附近有许多碎木板和弯曲移位的铁板，船身还有多处被火烧伤的痕迹。截止到 10 月 6 日，"丹东一号"水下考古工作暂时告一段落，初步确定它为甲午海战中的"致远"号。

关于该船沉没的原因，学术界一直颇有争议。大部分学者认为"致远"号是被鱼雷击中沉没的，也有学者提出异议。当时，除了北洋海军"福龙"号在中日甲午战争中，被日舰连发三枚鱼雷外，并没有其他舰船遭受鱼雷攻击。而且当时鱼雷性能太差，没有一枚击中"福龙"号，都与它擦肩而过。因而学术界提出两种观点，第一种观点认为，"致远"号被一枚日舰的大口径炮弹击中舷侧鱼雷舱，引爆了存在雷管里的"黑头"鱼雷，导致舰船沉没。第二种观点则认为，"致远"号的水线处被日军大口径炮弹击穿，锅炉被击中爆炸，这才使"致远"号身沉大海。

沿海各地沉没的船只

1978 年，天津市文物管理处在静海县元蒙口地表以下 4 米处的古河道中，发掘出一艘古代沉船。这艘沉船保存较为完好，它的船首较窄而船尾较宽，分别宽 2.56 米和 3.35 米。全船的骨架基本保存完整，主要骨架是横梁和肋骨，由 12 组横梁分别从顶梁、地梁和 4 ~ 5 根立柱榫接而成，顶梁和舷板还用铁钉固定，底梁与船底板结合处的一面凿有长方形孔以利于排水。肋骨设置与船舱内侧用铁钉加固在舷板、地板和横梁上。

沉船的外壳板由舷顶板、侧舷版和船底板三部构成，第一、二级均为两层板，而第三级则为单层板；船底由 14 排纵向木拼合而成，没有龙骨，只是在船底内侧近中部纵向设置一系列贯穿艏艉的木板。船体纵横木板连接处使用 T 字形铁钉和各种角度的衬木连接。船舵扇面呈直角三角形，高 1.14 米，底边长 3.9 米，内夹 14 块拼接在一起的纵向木板，舵轴修整过的树干，残长 2.19 米。

这艘沉船是在北方内河和近海地带航行的典型沙船船型。考古人员还在船舱内出土了一些具有宋代特点的陶瓷碗和一些"政和通宝"铜钱。相关专家根据沉船的所在地貌和底层分析，认为该沉船是在政和七年，被泛滥的黄河吞没的。

相隔多年，1991 年，人们在韩国西南的碧波里海滩发现一艘古代沉船，木浦海洋文物保护所组织了发掘，发掘出一艘古代独木舟和瓷器、铜钱等物。

这艘独木舟残长 16.85 米，复原后全长 19 米，船宽 2.34 米，船深 0.75 米，是一艘大型古代独木舟。不过，它的形态、结构，较之原始独木舟有着明显进步。它的船首较尖，船尾宽阔，头低尾高，用三段樟木榫卯结构接连而成，并以铁钉加固。船体纵长方向呈流线型，横断面呈弧形，在船后部的外板上还加上了一块加固船壳板的补强材，船底部的"保寿孔"内放置了 8 枚中国宋代铜钱。船的整体衔接处用了石灰、桐油、麻丝调制的艌料，人们还在船体中部的第 4 隔仓板处发现了用樟木制作的大型桅座，上面还有两个方型桅孔。

政和通宝铜钱

除此之外，人们还在船上发现了古代陶瓷和钱币等遗物，瓷器有中国青瓷和高丽青瓷两种，处于保寿孔中的铜钱有中国宋代的"皇宋通宝""至道元宝""咸平元宝""祥符通宝""元丰通宝""大观通宝""政和通宝"等。考古人员根据船材推测该船距今 700 余年，与船上的瓷器和铜钱年代相符。

相关专家根据沉船的木材和木船建造结构，推测该船应来源于中国宋朝的南方地区。这是因为该船整体使用樟木、马尾松建造，这些木材都产自中国南方，而且船内水密隔舱和"保寿孔"的结构和内部散落的大量宋朝钱币，也可以佐证。专家根据船上装载的宋代青瓷和韩国的高丽青瓷推断，这是一艘往返于中、韩、日之间的古代大型风帆独木舟。

东海、台海沉船大发现

明朝时期，当权者对西方势力越发忌惮，随即关闭国门禁止民间将瓷器、丝绸、茶叶等物销售出海。直到清朝康熙年间，中国的港口才再次对外开放，这无疑是欧洲商人期盼已久的心愿。一时间，欧洲各国商人纷纷远航中国，然而海浪无情，不少商船在出海之际，就遭遇了沉没的厄运。

东海沿岸沉船连续被发现

自 20 世纪中叶以来,我国水下考古学家,陆续在东海沿岸发现古代沉船。1958 年,江苏武进淹城护城河中发现了 3 艘周代的独木舟。其中最大的一艘长为 11 米,是用粗壮的树干挖成的,中间宽而两端窄,形如梭形。另外两艘独木舟分别长约 7 米和 4.35 米。

1960 年,江苏省文物工作队在扬州施桥的唐宋码头,发现了两艘沉船。这两艘沉船一大一小。大船用楠木制成,残长 18.4 米,复原长度为 24 米,中部宽 4.3 米,分隔成 5 个舱位。小船是用楠木刳成的独木舟,全长 13.65 米,宽 75 厘米。独木舟身狭长,两端略微上翘,横断面型线为半圆形,船头有铁钉加固的补充板,是大船拖带的小船。大船内所出的遗物有青瓷钵、四系罐、铁刀、铁铲等,颇具唐宋时期特点。

1973 年,南京博物院在江苏如皋县浦西马港河处,发现了一艘木制沉船。这艘木船全长 17.32 米,最宽处 2.58 米,用 3 段木料前后榫合而成,船首尾较窄,平底微弧。船体内有 9 个舱位,出土了不少唐代的陶瓷器和"开元通宝"等,因此,专家推断这是一艘唐代在内河和沿海航行的帆船。

不久后,浙江省宁波市文物管理委员会在宁波和义路的唐代船厂遗址中也发现了一艘木船。经过研究确定,这艘船是用一根整木挖成的独木船,船的艏艉略有损坏,复原长度为 11.5 米,船内有 17 列挡隔板的痕迹。与此同时,考古人员还发现,船上有晚唐时期浙江慈溪上林湖窑生产的青瓷碗、盘子、壶、杯等器物,其中有一只碗印有"大中三年"(即 849 年)字样,因此专家推断该船应属于晚唐时期。

1975 年,武进县博物馆的水下考古人员在武进万绥蒋家巷中,发现了一艘汉代木船。这艘沉船仅剩下些木船残段,大部分船体已经腐

唐宋独木船

朽无存。专家经过对船体的复原，得出船身原长 20 米左右。这艘船由底板和船舷构成，它的底板由 3 块弧形木板前后搭接而成，两侧的船舷则是将一段整根圆木一分为二，将从间刳去，使底板与船舷紧密相连。在船内和遗址附近，并没有发现任何遗物，专家通过鉴定，测定此船距今已有 2200 年左右的历史了，也就是西汉末年。

时隔 3 年，上海市博物馆在南汇县大治河发掘出一艘古代沉船。沉船的船舱面已经腐朽，残存船底，船内 8 列隔仓板将船分成 9 个舱位，其中第 2～7 舱位有内龙骨结构。舱内还出土了宋代年间的瓷器和“太平通宝”等，因此专家判定这是一艘宋代北方近海运输的沙船。

不久后，上海市文物保管委员会在嘉定县封滨杨湾发掘出一艘古代沉船，沉船位于地表以下 5 米深处的淤陆中。这艘沉船已有三分之二的部分腐朽，残长 6.32 米。船体的两侧垂直略向内收，底部梯形小平，艏艉窄、中部宽、小方头。船内残存 7 列隔仓板和 7 个舱位。船舱内还发现了遗存的砖瓦和上海宋墓壁砖的材料相似。考古队还在沉船的附近出土了一些米黄釉瓷碗，经过鉴定发现，这些瓷碗属于宋代江西吉州窑产品，同时出土的一些铁锅与铁刀也具有宋代时期的特征。因此，考古人员推断这是一艘南宋沉船。

与其同时，宁波市文物管理委员会在宁波东门口宋元码头遗址中，发现了一艘木结构的沉船残段，并出土了一批沉船遗物。沉船的上层结构已荡然无存，残存的仅有船体的中、前部分。残船长 9.30 米、宽 4.32 米，经过复原，全船总长不会超过 20 米，属于中小型的商船。该船船首稍尖，船底为弧形，考古人员还在船内发现了少量“开元通宝”“乾德元宝”“元丰通宝”和一些麻绳、草帽、木梳等日常用品。在沉船旁边的宋元码头遗址中，还发现了一些青瓷、白瓷、黑釉瓷等器物。

1979 年，上海市文物保管委员会在浦东川沙县的川杨河，发现了一艘古代沉船。这艘沉船被埋在 4.6 米以下的地表。唐代以后沧海桑田、淤积成陆，使这艘沉船被埋在海滩的底层中。这艘沉船的船首尖窄且上翘，两侧弧、小平底，残长 14.5 米，经过复原，船长 18 米左右。人们发现时，船体的上层结构已经腐朽无存，仅残存船底、侧舷和桅座。

这艘古船的船底是由 3 段楠木、樟木自内侧剜空、搭接而成，并用木榫加固。桅座板左右侧的长方孔内还发现了 1 枚"开元通宝"。船底经过科技检测，测定距今 1260 年左右，也就是唐代初期。此船的木料皆用产自江南的楠、樟木头，因此这艘沉船应源于南方沿海。

1994 年到 1995 年，宁波市文物考古研究所在象山县七埠村的古海湾海的堆积层中，发现并发掘出了一艘古代沉船。这艘沉船的船体下部，残长 23.7 米，宽 4.9 米，经过复原，船全长 27 米以上。除隔仓板、桅座为樟木外，其余船体皆由杉木制成。整艘船平而窄，形如梭形，横剖面为尖圆底，船底部的龙骨板比较薄弱。船内部由 12 道隔仓板分隔出 13 个水密隔层舱。考古人员还在船内发现了明代早期龙泉青瓷器，这也为沉船断代提供了重要的线索。

福建港湾的历代沉船

1973 年，福建省博物馆和厦门大学历史系的考古人员，在泉州后渚港的海滩上，发现了一艘宋元年间的沉船。这也是中国水下考古队，迄今发现保存最为完整、规模最大的古代沉船遗址，很快就受到了海内外的广泛关注。这艘沉船的甲板和上部建筑都已被风化，残存长度为 24.20 米，残宽为 9.15 米，复原为长 34 米、宽 11 米左右。考古学家根据历史资料，复原了沉船的形状。

这艘沉船的平面呈舳舻尖梢的椭圆形，横剖面呈两侧船腹下鼓的

Part 3

东海·台海沉船大发现

尖底, 肋骨和隔舱板的组合将船舱分隔成 13 个舱位, 考古队还发现了一些航行器具。在沉船舱内, 考古队发现了丰富的船货、货签以及船员用品。

沉船曾装有大量香料和药物, 虽然陶瓷器物并不是很多, 但有青瓷、黑釉瓷、白瓷、影青瓷和陶器等类, 都是建窑、龙泉窑所出。船舱中还发现了 96 件木签、木牌, 上面还保留着书墨文字, 能够辨识的有 88 件, 主要是一些地名、货名和人名等。

"白礁二号" 打捞出水的瓷器

考古队还发掘出不少保存完好的船员用品, 如铜钵、铜勺、木锅盖等炊具, 还有象棋、楷书"且了浮生一载"的印刷残件等。从中可看出, 当时船员的生活也是丰富多彩的。考古队还在沉船上发现了保寿孔铜钱。这些铜钱的最晚年代是北宋"宜和通宝", 而船中年代最晚的是带有"五"和"七"背文的南宋"咸淳元宝"。因此, 考古队判断, 这艘沉没的古代船只应该沉于南宋"咸淳七年"(即 1271 年)以后的几年时期。

1975 年, 泉州海交史博物馆在泉州东郊法石发现了一件宋元年间的碇石，第二年又在同一地点的淤泥中发现了一艘古代沉船。1982年，海交史博物馆和中国科学院自然科学史研究所相关人员，一起对这艘沉船进行了发掘。当时，这艘沉船的前、中部都压在现代建筑底下，仅露出4个舱位和船底。考古队测量出残船的长度为7.5米，宽度为4米，它的上层结构早已荡然无存。

经过对龙骨、船壳板的规模进行比较和分析，考古队将其复原为23米以上。并在船舱和沉船的土层中，发现了晋江磁灶窑、同安汀溪窑、安溪桂瑶窑、德化窑等青瓷、白瓷和江西景德镇窑的青白瓷等文物。考古学家经过缜密的分析和研究，推断这艘古船应该沉于宋元年间。

1990年、1995年，中国历史博物馆、福建省博物馆、厦门大学、西澳大利亚海洋博物馆等水下考古人员，在福建闽江口的定海湾，先后发现了一批宋元、明清时期的沉船资料。这是中国近代水下考古的一次重大发现。连江定海湾是出入闽江口的重要航线，这一海区明、暗礁散布广泛，是沉船事故多发的水域。

在定海村东北水域，有一片名叫白礁的暗礁群。考古队曾在白礁南面的海底，发现一艘沉没的古船，并称它为"白礁一号"。发掘"白礁一号"时，船体除龙骨部分外，已经腐朽无存。人们根据沉船遗物的分布位置，复原残船的长度为22米、宽6米。

沉船的遗物主要集中在暗礁南侧的海底，在那里，水下考古人员出水了大部分文物，共打捞2200余件，主要为黑釉盏和青白瓷碗两类。专家根据沉船残存龙骨板，判断该船约为北宋初年。考虑到木材的生长年代和船体的使用时间，以及船内货物的时代特点，推测沉船应为南宋至元时期。

"白礁二号"是一艘明清沉船，它沉没的遗址在白礁东段暗礁盘的北部海底。虽然没有发现沉船的遗骸，但在该处出水了上百件青花瓷和青瓷器。这些瓷器皆出自福建明晚清初的窑址，因而判断该船沉没于明末清初。

除此之外，人们还在定海海域的大埕渣发现了一艘宋元年间的沉船，这艘沉船曾运输大量瓷器；在龙翁屿海域也有宋元沉船瓷器的堆积遗存，还有包括"国姓府"铭铁炮等遗物在内的清初郑成功沉船地点；黄岐湾水下也曾打捞出宋、明等不同时期的沉船。

在 2000 年初，福建省东山县博物馆在冬古湾浅海地带发现了一些沉船文物。水里考古队立即组织了实地勘察，在这里确定了一处明末清初的沉船遗址。考古队在这里采集到了 4 门铜铳、2 门铁炮、一批弹药，以及 10 多件瓷器和船板残片。此次采集的铜铳与之前在福建连江发现的"国姓府"字铭的铜铳很像，就连船上的瓷器也都是明末清初的青花瓷器。当时正是郑成功在东山屯兵之时，这两艘沉船很有可能都与这段历史有关。

几乎与此同时，福建省晋江县博物馆考古队在一处俗称"沉船窑"的浅海区发现了一些沉船文物。经过水下考古勘测，已经确定此处为明末清初沉船遗址。考古队还在沉船上获得并征集了有"嘉靖三十二年"（即 1553 年）的字样的铭文铜炮和 1 门铭文不清的铁炮，以及残旧铜锣、铜勺、剑格和"大明成化年制"的款花口白釉瓷盘等器物。此外，晋江博物馆还曾在围头湾、蚶江湖海底先后打捞出宋元时期的小口陶瓶以及陶瓷等文物。

晚清最大军舰"海天"号

"海天"号是一艘由英国造船场建造的防护巡洋舰，它的排水量为 4300 吨，可达到 24 节航速。全长 129.3 米，宽 14.2 米，吃水 6.1 米。1896 年，清朝政府购买了这艘巡航舰，它成为甲午战争后，清朝海军的主力巡航舰。然而这样一艘在当时令人引以为傲的巡航舰，却遭遇了触礁沉没的厄运，这也是近代中国海军因事故而沉没的最大一艘巡航舰。

甲午海战战败不久后，清朝政府决定重建北洋舰队，因此特意从英国收购了两艘巡航舰，分别命名为"海天"号、"海圻"号。这两艘巡航舰是当时中国最大的战舰，舰上配有阿姆斯特朗炮门、马克沁机枪、鱼雷以及445名官兵。

"海天"号建成返华后，清政府任命刘冠雄为舰长。刘冠雄，字资颖，福州闽侯人，是福州船政学堂第四届毕业学生，1886年被派往英国留学。他曾作为北洋舰队"靖远"舰船的大副，参加了多次战役，并在黄海大东沟海战中有着突出的表现。他不仅善于交际，博学识广，而且还有丰富的作战经验，因而深受清政府赏识和重用。

就在"海天"号返航之际，英国、法国、德国、俄国、意大利掀起了瓜分中国的热潮，强行租去了威海、胶州湾和旅大等沿海优良港湾，甚至在1899年，意大利还派出6艘军舰来到中国，并向清政府递交最后通牒，要求租用三门湾。

清政府不知道意大利"葫芦里究竟卖的什么药"，对于它提出的要求，不敢轻易答应，便询问海军的意见。刘冠雄向北洋舰队的统帅进言道："意大利军舰队远洋而来，其劳我逸，正是我们反击的最佳机会。如今我们有'海天'号这样的军舰，完全可以和对方一战。"

北洋舰队统帅深表赞同，当即向清政府报告了海军当前形势和分析的结论。清政府也认为当前是反击的好时机，因而果断拒绝了意大利的要求。意大利本就是一只纸老虎，见没有恫吓到清政府，只得作罢。

1901年，八国联军侵略中华，逼迫清政府与列强国签订《辛丑条约》，甚至有些大臣为表示议和的诚意，竟进言要把"海天"号、"海圻"号和从德国购买的两艘巡航舰，分别归还给英国和德国。当时清政府日渐衰败，为求自保，有意同意这一主张。但是北洋舰队众海军将领坚决反对，与清政府据理力争，经过艰苦的努力，这才使清政府放弃了归还巡洋舰的想法。

1904年，日本和俄罗斯为争夺中国辽东半岛和朝鲜半岛的控制权，发起了日俄战争，清朝政府却持"中立"态度。4月份，清政府命"海天"号从烟台出发，前往江阴装运军火。当巡航舰航行至舟山时，海面因大雾溟蒙，舰长立即下令调头，却因舰速过快，不幸在鼎星岛触礁搁浅。

"海天"号发生事故后，直隶总督袁世凯立即命令提督萨镇冰连夜赶赴出事地点，进行指挥、救援工作，并调查事故原因。萨镇冰到达后，立即组织人员救援，并向袁世凯回报事故原因。

事发时"海天"号上有400多名官兵，幸运的是人员伤亡并不惨重，400多人均获救，有3名官兵落水失踪。萨镇冰命令招商局轮船将获救的348人送往吴淞岸，留下60名官兵，由刘冠雄指挥拆卸炮位。

"海天"号军舰

萨镇冰立即和"海天"号的技师巴斯取得联系，并请上海耶松洋厂提供帮助，用该厂的抽水机将"海天"号内的海水排出，以此减轻军舰的重量，好叫它浮上海面。尽管大家费了九牛二虎之力，但仍无效果。

没过多久，萨镇冰听闻一家丹麦捞船公司拥有较为先进的打捞设备，曾成功打捞过英国的军舰。于是，萨镇冰马上和这家公司联系，请他们迅速携带打捞设备前来救援。但是对方要求清政府以 47.5 万两白银作为酬劳。

萨镇冰向袁世凯请示，是否与丹麦公司签订合同。打捞船从丹麦来华至少要用 50 天的时间，如果在设备运来之前，"海天"号已经沉没、毁坏或无法打捞，清政府也要支付丹麦公司运输费用 1.25 万两白银。如果打捞军舰失败，那么丹麦公司将和清政府共分军舰设备的一半。

袁世凯将此事报告清政府，清政府认为打捞"海天"号的费用过多，丹麦公司也不能完全保证舰船打捞成功，且"海天"号在打捞上来后，还要面临庞大的修理费用，"若枉费数十万金巨款，仅能变卖机器、锅炉，殊觉不值"。于是，清政府命袁世凯作进一步论证。

袁世凯再次启奏，尽全力可以将"海天"号打捞上来，即使军舰不可再用，将船壳、机器等设备变卖也远远超出 47 万两白银，除去支付丹麦公司的劳务，还会有余。而且打捞"海天"号还有相当的政治意义，袁世凯认为："战舰存没，各国视之极重，但能设法，未便袖手，犹之军队被困，不得不竭力救援。现在设法捞起，非止希冀能有所获，亦便各国之环 视者，皆知我于军舰绝非视若无足轻重之物，掷以不甚爱惜之思，其于中国声誉亦有关系。"清政府考虑再三，最终同意了袁世凯的意见，着其尽快办理。

50 余天后，丹麦公司携带打捞设备远来中国。由于"海天"号涉险日久，已无法打捞，只能打捞一些沉船的设备。因为锅炉等淤泥堆积，这使设备打捞十分困难，经过一年多的努力，丹麦公司才陆续打捞起炮位、弹药等器械。丹麦公司估算这些设备约值 12 万 8 千余两白银，并在丹麦找到一个买主，他愿意出 12 万两的高价收购这些器械。然而袁世凯担心此次交易会打破清政府的"中立"立场，因此拒绝了这次交易。

不久之后，丹麦公司认为打捞"海天"号使他们蒙受了巨大的损失，既然"海天"号无法出海，那么打捞工作也随之结束。他们按照约定，向清政府索取打捞上器械的一半金额，也就是 6 万两白银。最终经过商定，双方达成共识，清政府支付丹麦公司 6.65 万两白银。而清政府只得到了价值 30 余万两的机器设备。

可以说"海天"号舰的损毁，是中国近代海军历史上的一个悲剧，给海军造成了重大损失，引起朝野震动。事情发生后，袁世凯上表奏章，说："该管带刘冠雄，身膺重任，宜如何小心谨慎，乃竟冒雾遄行，致毁巨舰。虽系因公奋往，究属不审事机，粗疏贻误，未便稍事姑容。相应请旨将副将衔补用游击刘冠雄即行革职。"

"海天"号沉没，按清朝律法，应将刘冠雄斩首示众。但是袁世凯对刘冠雄赏识有加，因此以"其罪可诛，其才可录"力请宽恕，使刘冠雄革职，免去了死罪。自此刘冠雄为报答袁世凯的救恩之恩，凡事竭尽所力。就连袁世凯当权时，刘冠雄也是他的重要支持者。

揭开"碗礁一号"的秘密

在 300 多年前，一艘装载着各样瓷器的船只，途经福建省平潭县海域，在这片海域意外触礁沉没，瓷器和船只一并被海水吞没，葬身此地。岁月流逝，如白驹过隙，渔民不知道从何时起，经常在这片海域打捞起瓷碗，由于这片海域暗礁较多，因此当地人称这里为"碗礁海域"。

2005 年，福建东海一渔民像往常一样出海撒网捕鱼，当天下午，他在碗礁海域收网时竟"捕"了满网的瓷碗，这些瓷碗长满了海蛎，但质地优良，花纹精致古朴，看起来颇有来历，因此水下埋有宝藏的消息不胫而走……

考古学家闻讯，立即组织了一支调查小组赶赴当地考察。6月下旬，考古队来到碗礁海域，当时海面上停泊着大小 20 余只船，不少古董贩子在水下肆意哄抢，不过很快，他们的行为就遭到了制止。

2005 年夏季，水下考古队开始对沉船进行前期的发掘工作，试图解开碗礁沉船的神秘面纱。而这第一次探索，就让考古人员们意识到这将是一次前所未有的重大发现。一位目睹沉船真实面目的考古人员说："那是一艘木船，它沉没在水下 10 米左右的地方，船体大部分都掩埋在泥沙里，只能看到部分船板和船舷，目前还不能测出它的大小。"

考古学家在进行水下勘测时，在沉船附近发现了大量散落的瓷器。这些瓷器种类繁多，有碗、盘、碟、杯子等。经过判断证实是青花瓷器，其中还不乏少见的大型青花瓷器。这是第一艘在碗礁海域附近发现的古代沉船，因此这艘船被命名为"碗礁一号"。

经过研究和勘测，考古学家已经证实，"碗礁一号"是一艘明清时期的沉船，沉船中装有大量景德镇、浙江龙泉以及福建的瓷器。在发现"碗礁一号"遗址之前，中国水下考古队发现的都是宋元时期的沉船遗址，如 20 世纪 90 年代初，考古学家在广东省海域发现了一艘宋代沉船遗址，并发掘出一批福建黑釉瓷器。即使发现了一些清明时期的青花瓷器，但完整的沉船遗址还没有发现，"碗礁一号"的发现，将填补这一页的空白。

由于在考古队到来前，就有些古董贩子抢先一睹沉船的"容颜"，并破坏了沉船现场，因此，考古队员首先对沉船的表面进行了清理，尽可能最大限度地复原文物。在清理遗址的过程中，仍然采集到一些完好的文物。

经过数次考察发现，这艘沉没在深海的船只是一艘商船。令人尤为震惊的是，船上的所有瓷器皆出自景德镇。这些瓷器大多是青花瓷，也有部分五彩瓷。五彩瓷成熟于明代，它的彩绘是在低温下烧制而成的，因此经过海水长年的浸泡，彩绘的部分已经褪色，只有个别的保留了它原有的风采。

经过确认，这些沉入深海的青花瓷器，皆为景德镇康熙年间烧制，正是青花瓷的鼎盛时期。此次考古，出水的瓷器碎片较多，考古人员惊讶地发现，这些瓷器的色泽和花纹非常精美，并非寻常之物。那么这些身价不凡的瓷器，将要销往何处呢？

中国传统的"丝绸之路"是通往东南亚、西亚直至非洲的航线，到了 16 世纪，渴望和东方贸易接触的欧

出水的明清瓷碗

洲人开辟出了两条连接东西方的新航路。欧洲人对中国的青花瓷情有独钟，那么这批精美绝伦的瓷器会不会是运往海外？

随着考古工作的进行，出水的文物也越来越多。这些瓷器皆绘有传统中国的古朴文饰，不过考古人员也在这次考古中，发掘了许多带有异国风情的器物盖子，比如高脚杯的后盖。尽管这些瓷器绘制了中国传统的文饰，但它们却有一个特别的名字——克拉克瓷，毫无疑问，这批瓷器是销往欧洲市场的。

在清朝年间，作为一般日用瓷的青花瓷器，在欧洲市场颇受欢迎，许多欧洲客商不远万里来到中国，重金购进这些具有中国特色的瓷器。在各种陈列瓷中，中大型精美瓷器价格十分昂贵，它只供应欧洲上流社会。同时，这些瓷器在欧洲也是地位的象征。青花瓷之所以能风靡欧洲，其最重要的因素，就是它带来的东方文化艺术，让欧洲人十分着迷。

经过 3 个多月的努力，"碗礁一号"的清理工作告一段落，出水文物有 1500 余件。专家推测，"碗礁一号"上的这批瓷器，很可能是运往菲律宾的马尼拉和印尼的巴达维亚。"碗礁一号"的发现，对于研究古代青花瓷的海外销售有重要作用，它也是中国历史一笔珍贵的财富。

据专家分析说："'碗礁一号'出水的瓷器，按照它的造型、釉色、纹饰，可以确定沉船在清代康熙中期。"但有意思的是，沉船上还有一些清代康熙早期的瓷器。一艘船上，怎么会有两个年代的瓷器呢？这还需要专家做进一步的考证，才能揭晓答案。

除此之外，考古队在一件出水瓷器底部发现印有"双龙"的字样，这使很多人大惑不解。百年前的瓷器怎么会有简体字？不过，很快专家就得出了解释。简体字并非出现在民国时期，早在清明时期，当权者就有意制造简体字，只是当时还没有盛行。直到民国时期，简体字才被广泛运用，故而瓷器出现"双龙"，也不足为奇。

这艘沉没百年的木船，蕴藏着许多不为人知的秘密，它为何会在平潭县沉没，它远行欧洲的航线又是什么？带着种种疑问，要想解开沉船的谜底，还需要不断研究和思考。此次对"碗礁一号"的发掘，对中国古代瓷器和"丝绸之路"的研究有着重大作用，也为中国古代历史探索添上了一笔浓重的色彩。

"里斯本丸"号轮船沉海

在第二次世界大战时期，日本军队在中国、东南亚惨无人道地屠杀难民、肆意虐待战俘的罪行，实在是罄竹难书。1942 年 10 月份，日本军队又在酝酿一场惨绝人寰的凌辱战俘行动。幸运的是，他们有悖人伦的计划，被中国舟山的渔民打破，渔民不顾生命危险，成功解救了 200 余名英国战俘。

1942 年，一艘日本船只"里斯本丸"号曾押送 1800 余名英国战俘，从香港出发，前赴日本。"里斯本丸"号是一艘大型客轮，它全长 116 米，宽 18 米，可载重 7152 吨。1940 年，这艘客船在巴西经过改造后，便被日本军队征用。9 月 27 日，这艘客船载着 1816 名英国战俘和 800 名日本士兵，以及在中国抢掠的布匹、食物、军火等物，离开了香港码头，向日本方向驶去。

日本军队将那 1800 余名英国战俘，带到船舱底部，将他们分别关进 3 个底舱。在拥挤、狭窄的舱室里，很多俘虏连坐的地方都没有。经过 4 天的航行，"里斯本丸"号航行至舟山外洋时，突然遭到了鱼雷攻击。不过，"里斯本丸"号并没有马上沉没。日本军官见势，立即采取了紧急措施，营救了落水的士兵，但是却对那些英国战俘施以冷漠，毫不顾忌他们的生死。

当天下午，海面上聚集了许多日本的驱逐舰和运输船，他们将大部分日本士兵进行了转移。而在这样的紧要关头，没有人顾及英国战俘的生死，甚至当有人提议将舱底的木板卸下几块，好让那些俘虏呼吸新鲜空气，也被严词拒绝。

次日，"里斯本丸"号遭到鱼雷攻击的24小时后，船体涌进大量海水，开始下沉。为了求生，前两个舱室的战俘们，费了九牛二虎之力，终于将押舱板打开了。然而，等待他们的却是日本士兵无情的扫射。

当俘虏们爬上甲板后，日本士兵竟冷漠地扣动扳机，向他们开枪射击。冲出甲板的俘虏们，纷纷跳入大海，向远处的岛屿游去，以求一线生机。很快，"里斯本丸"号倾斜加剧，没能打开舱板的后舱室的俘虏，跟随"里斯本丸"号一并沉没深海。

事发时，几个东渔人岛的渔民正在附近海域捕鱼，他们看到许多英国战俘落水，危在旦夕。那几个渔夫见了，不假思索，立即开船来到遇难者身边，救起那些英国战俘。由于当时落水遇难的英国战俘过多，唐如良等5个渔夫立即号召东渔人岛的渔夫们前去救援落难战俘。经过渔夫们的努力，共有200多人被救上了岸；一旁的庙子湖岛在发现落水者后，渔夫沈万寿几人也立即展开了救援行动，救起了100多名落水者；西福山岛的渔民也救起了63名落水者。

一名渔夫回忆，当时他看到有英国人落水，便赶快去救援。他的船救起了三四个人，正当他准备返回时，听到一阵口琴声。一个英国战俘站在暗礁边，正吹着口琴，他希望以此唤起渔夫的注意。当时渔夫的船已经坐不下人了，只好让那个英国人搭扶着船边，一起回到了岸上。这个英国战俘为了表示感谢，将那柄口琴送给了渔夫。不过，时隔不久，战火连天，渔夫的妻子为了使家里有米下锅，只好将那个充满意义的口琴当了一袋米。

战舰

　　当渔夫们救起这些战俘后，有人举出"香港英国人"的条幅，这时渔夫们才知道，这些英国人是日本军队的战俘。渔夫们为这些可怜的俘虏们准备了干净的衣服和汤食，还为他们安排了住宿。这些善良的渔夫，甚至想办法帮助他们摆脱日本军队的魔爪。但是，就在 10 月 3 日清晨，那些日本人的爪牙竟来到这座小岛上，挨家挨户地搜索战俘的下落。

　　当天下午，除了被藏在山洞里的 3 名英国人，其余的 300 余名战俘，全部被日本军队押走。接下来的几天里，日本军队一直在岛屿附近巡逻。直到 10 月 9 日，东渔人岛附近的日本士兵全部撤走后，这时几个渔夫才划着小船，将躲过一劫的 3 个英国人送到了当时抗日第四大队队长王继能手中。经过多次辗转，才将那 3 名英国人送到重庆。

　　战争结束后，1949 年 2 月 18 日，当初获救的英国人曾来到香港，特意举行了一个感谢仪式，以答谢当年渔夫们的救命之恩。事实上，在渔夫们救援英国战俘后，曾有人写下了救助经过，并在册子后面请求当初参与救援的渔夫们联名，然而却遭到了他们的拒绝。一个渔夫说，他们之所以不联名，是不想邀功。后来，乡里经过多次解释，登记工作才得以展开。但是，当年救援的渔夫们依然表示不接受赠款。

一位参与救援活动的渔夫说，他救上来的一位英国人，曾将随身携带的西餐刀赠予了他，这位渔夫觉得这才是最珍贵的礼物。那把西餐刀一直被他收藏，不过现在他送给了他的女儿。那些纯朴、善良的渔夫们，并不稀罕什么赠款，在他们心中，没有什么比善良更能让人感动的了。

时隔多年，人们再次对这件壮举进行调查，还使一位英雄人物浮出了水面。当年被困在小岛的 3 名英国战俘，之所以能够成功脱险，这都得力于当时第四大队的副队长——缪凯运。然而，在历史档案中却没有他的踪迹。

被档案记录在内的王继能，生前曾将这段故事记录下来。当时，渔夫将这 3 名俘虏带来后，王继能便派缪凯运护送这 3 名战俘前往重庆。他们从东渔人岛到郭巨，再到康头，然后到象山，一路派兵保护。最终，这 3 名英国人安全到达了重庆。王继能生前曾说："救助那 3 名英国人，缪凯运功不可没！"

那么为何档案之中没有缪凯运的名字呢？原来，在 1948 年前，缪凯运去世了，所以档案之中并无这位英雄的踪迹。不过，在舟山保存着这样一张照片：王继能、缪凯运和 3 名英国人身穿中式衣服的合影。这也是非常珍贵的历史见证。

历史就像一面镜子，它带人们回望过去，展望未来。这也是中、英两国的学者研究此事的意义所在。

上海嘉定、南汇宋代木船

1978 年，在上海南汇县大治河开挖工程中发现了一艘古代沙船，上海市博物馆的考古人员进行了发掘和清理。这艘沉船的船舱部分已经腐朽无存，不过它的船底保存较为完好，船内有 8 列隔仓板将船内分成 9 个舱位，其中第 2 ~ 7 个舱位有内龙骨结构。在距第一道隔仓板 1.86 米的船底上有一圆形透孔，里面有 24 枚"太平通宝"铜钱和一只银发簪，并用油灰封口，相当于福建传统造船工艺的"保寿孔"。在第三道隔仓板上安置了桅杆的孔眼。除了保寿孔内的宋代铜钱外，船内还出土了宋代瓷碗，因此不难判断这是一艘宋代沉船。

不久后，上海嘉定县封滨杨湾的挖河工程中，在地表以下 5 米处，发现了一艘古代沉船的遗迹，上海市文物保管委员会进行了发掘和清理。该船尾部残缺，残长 6.23 米，约为全船的三分之二。横剖面型线为两侧垂直略向内收、底部梯形小平，平面为艏艉窄、中部宽的梭形，小方头。船内分舱设置，残存 7 列隔仓板和 7 个舱位，各舱长度不一，第 1 舱为密封舱，以增加浮力。船壳板厚 4 ~ 5 厘米，用平口榫合和参钉钉合的方式连接起来，并用艌料缝合。侧舷版外部纵向上左右对称钉合一块宽 15 厘米、厚 9 厘米的整木，可以护舷、抗衡摇、增加纵向长度，相当于龙骨。

船底板前后的三组木板纵向榫合，外侧左右各附一根半圆木钉合，相当于体外双龙骨的作用。在第 5 舱的中部保存有桅座，上有长 17 厘米、宽 7 厘米的方形桅孔。人们还在船内发现许多不规则的石块，有可能是压舱石的遗存。此外，船舱内发现的砖瓦遗存与上海宋墓壁砖材料相似，米黄釉瓷属于宋代江西吉州窑产品，铁锅、铁刀等也具有宋代特征，因为考古人员推测这是一艘南宋沉船。

古代沙船

惊爆世界的南海沉宝

自古代中国打开国门，开辟海上贸易后，欧洲各国就对古老而神秘的东方国家充满了向往。那里有四季分明的绮丽山水；有精致华贵的绫罗绸缎；有沁人心脾的芳香茶叶；有精美独特的陶瓷制品。这些独具中国风采的货物，深得欧洲人民的喜爱，他们不远万里来到中国，只为收购一些中国独有的瑰宝。

南海沉宝被欧洲人盗捞

1983—1985 年期间，英国海洋沉宝打捞者米歇尔·哈彻，在印度尼西亚宾坦岛外大约 12 海里处的斯特霖威夫司令礁，发现了一艘被称为"中国帆船"的古代沉船，打捞出大量精美的中国瓷器，并在荷兰阿姆斯特丹大肆拍卖。哈彻的打捞并没有顾及沉船的船体形态与结构，他关注的只是具有商业价值的完整瓷器。这次打捞，哈彻共打捞出 2.7 万件瓷器，这些瓷器大多数都是明末江西景德镇窑制造的青花瓷器，以及一些其他窑口制造的青瓷、白瓷和彩瓷等。其中，还有两件桶形瓷罐印着"癸未春日写"的款。

两年后，哈彻又在南海南部发现了 1752 年沉没的荷兰东印度公司的"吉特摩森"号商船，获得大批中国瓷器和云南盛产的金锭等贵重文物，并在荷兰阿姆斯特丹进行高价拍卖。这时，中国外交部和国家文物局才知晓哈彻的"盗宝"行为。当时，中国文物局曾派两名故宫瓷器专家前赴荷兰拍卖会，希望能收回一些宝物。然而，令人大跌眼镜的是，每一件文物的拍卖价格，都在专家估值的 10 倍以上，专家只好空手而归。

哈彻在阿姆斯特丹拍卖得款 3700 万荷兰盾。他在"吉特摩森"号上共打捞出水 15 万件瓷器，而这些瓷器大多数都是中国清代乾隆年间景德镇的青花瓷器。除此之外，还有金锭 125 块，每块 750 克，并带有标明质量的中文印记。沉船上的其他文物还包括铜炮、铜钟、药瓶等。铜炮 2 门，一门铸于 1702 年，炮上还有鹿特丹商会的字徽；另一门铜炮铸于 1705 年，也刻有鹿特丹商会的字徽。可见，这是一艘荷兰东印度公司的商船。一件青铜钟上还刻有"ME FECIT CIPRIANUS CRANS JAN–SZ ANNO 1747"的铭文。1747 年是荷兰东印度公司"吉特摩森"号建成的时候。而且在沉船上发现的一个药

惊爆世界的南海沉宝

瓶上，还标有"F.B."，这正是东印度公司档案中所记"吉特摩森"号商船随船医生 Frederik Berkenhonwar 的名字缩写。毫无疑问，这艘沉船就是"吉特摩森"号。

据资料记载：1748年，"吉特摩森"号开始了它的首次航行，并在1749年抵达荷兰东印度公司总部巴达维亚。1751年12月中旬，这艘荷兰商船装载着大量瓷器和其他贵重的珍宝，从广州出发，开始它的返航之旅。然而，就在1752年1月3日，这艘商船航行至南中国海南部时，意外撞上了附近的暗礁，随即商船葬身海底。32名幸运的生还者在回到巴达维亚后，将这一沉船事故记录在册。

1999年5月，米歇尔·哈彻再次在印度尼西亚北部的南海海域打捞出清代沉船"泰兴"号，获得青花瓷器35万件，并于2000年在德国斯图加特拍卖。据专家分析，这批青花瓷多为福建化窑的产品。

1984年，一艘私人盗捞船在马来西亚海域，发现了荷兰东印度公司"莱斯顿"号商船的沉船遗址。那伙海盗正准备将文物打捞出水时，遭遇了马来西亚皇家海军截获，这才使那批文物保存下来。事后，当地博物馆和皇家海军对沉址展开了调查。

"莱斯顿"号是一艘建于1713年的货船，它曾两次成功航行于欧亚航路之间，1727年，这艘功勋累累的商船开始了它的第三次远航，不幸在马来西亚南端的柔佛州海面沉没。目前，考古人员已经出水了象牙、锡锭、苏木等文物。

2002年，水下考古队在印尼爪

福建化窑青花瓷

哇附近打捞出一艘中国唐代沉船，还发现了不少长沙铜官窑瓷器。当时一家德国公司在组织打捞、整理文物方面投入了大量资金，还向印尼政府一次性买断了文物所有权，这批文物的转让费预计高达 3000 万美金以上。据了解，当时德国公司共打捞出唐代文物 6 万余件，90% 以上为瓷器，其中铜官窑瓷器最多，各式碗器有 5 万件，壶 700 余件。这批文物不仅相当珍贵，而且具有极其重要的历史价值，它是公元 9 世纪中国与外国交流的见证。

近年来，不少海外不法分子发现，中国古代沉船蕴含丰富的财富，因而那些海路盗宝者，纷纷将目标锁定在南海，希望可以发现中国沉船，并获得大量财物。2003 年的一天，比利时人海曼斯收到了一位欧洲商人的邀请。那位商人愿意投入大量资金，让海曼斯去南海打捞中国沉船，事后收益两人五五分成。这无疑是个绝妙的发财点子，海曼斯毫不犹豫地答应了他的请求。随后，海曼斯带着法国潜水专家丹尼尔·威斯泰凯尔，以及两艘先进的海军军舰来到了印尼的爪哇海面。

经过一年多的发掘，海曼斯等人在水下发现了几块陶瓷碎片，这使他们感到异常兴奋。随后，他们在水下打捞出一个中型瓷瓶，更令人惊喜的是，瓷瓶里面装有一柄金马刀手柄。不久后，众人在海底发掘了一艘长约 70 米、宽约 15 米的中国古船。海洋考古学家经过研究推断，这是一艘来自西元 10 世纪的中国古船，具有非凡的历史意义。

不仅是海外，中国东南沿海地区的盗捞行为也愈演愈烈。渔民们出海打渔，经常能从海底打捞上些瓷器碎片，这引来许多古董贩子的注意。他们以诱人的价格，收购渔民们打捞出瓷器碎片，一些完整的瓷器更是稀罕物件。很快，下水捞瓷在国内也越发盛行。不少渔民不惜冒险潜入水底，只为寻找一些完整的瓷器。一些具有历史研究价值的文物，就这样被渔民打捞出水，卖向黑市。

"南海一号"宋代古船

自"丝绸之路"开辟后,古代中国与海外国家有着千丝万缕的联系。这使中国传统艺术文化远播海外,不少海外国家对中国的古典瓷器和其他艺术品青睐有加,不远千里前来,将这些精美、古典的艺术品带回家乡。然而海面风浪汹涌,许多载有古代艺术品的中外船舶,就这样身殒大海,为今日考古人员对历史探索,增添了不少神秘。

"南海一号"是一艘南宋时期建造的福船,它的艏艉较尖且翘,船体高大,舷侧有护板,适合海外远航。福船多建于福州,因而得名。也有专家提出异议,认为"南海一号"建自广东。

这艘古船迄今已有 800 余年历史,它沉没在中国广东省台山市海域。1987 年,水下考古队在阳江海域发现了它。当时,"南海一号"船头朝西南方向,船身已经沉积了很厚的淤泥层,考古队员在船内发现了大量瓷器、铁锅等货物,还有许多价值不菲的珍贵文物。根据船头指向的方向以及船内的瓷器,专家推断,"南海一号"是一艘准备出驶海外的中国船只。

那么这艘沉没的宋代古船,它的始发港是哪里,又将驶往何处?这一问题引起了研究者的极大兴趣。有专家认为:"南海一号"的始发港是泉州的刺桐港。这是因为,宋代时期泉州的造船技术在全国闻名,而"南海一号"是一艘长 30 米左右、宽 9.8 米的大型远航船舶,且还有一根长达十丈的杉木桅杆,能有如此巧妙的造船技术和大量的木材,非泉州莫属。而且船上的瓷器大多数都产自福建,而且当时福建的瓷器多供外销,因此认为该船的始发港应在泉州。

也有专家认为"南海一号"的始发港在宁波。有专家指出,宁波是我国最早从事水上活动的城市。在唐代,宁波就已经成为全国重要的贸易港口。从"南海一号"的规模来看,专家认为宋代时期的宁波完全有能力建造出这样的船舶。

　　还有专家认为，广州黄埔港应是"南海一号"的始发港。自汉朝时期，就有不少商人把陶瓷、丝绸等商品装船，从广州多个港口出发，运往埃及、罗马等地。到了宋太宗雍熙年间，中国商人自广州远航海外，更是寻常之事。当时，中国商人远赴国外，多被异国商人以贵宾之礼相待，甚至受到国王的重视。即使是在明清厉行海禁年间，广州亦保持着第一出港口的地位。

　　虽然"南海一号"的始发港还不能确定，但多数专家认为泉州很可能是"南海一号"的始发港。德化窑古陶瓷研究家、泉州博物馆的副馆长陈建中和泉州海交馆馆长王连茂都对这一说法表示认同。

"南海一号"出水的鎏金腰带

　　那么这艘宋代沉船的目的地又是何处呢？

　　自1987年8月，考古人员从"南海一号"中出水了大量文物，大多数为瓷器和金属器，其中包括鎏金腰带、金戒指、金手镯、石雕观音等装饰品。在发掘过程中，考古人员还从中发掘出一些异国风情的器物，如"喇叭口"的大瓷碗，这在国内从未出现过，与阿拉伯人用的饭碗很相似；雕有鸡冠花纹的砚台，倒置过来宛如一个高脚杯；还有一些当时阿拉伯国家流行的首饰和装饰物。考古人员还在沉船内，发现了两具眼镜蛇的骨骸，因而专家推断，这艘船上曾住有阿拉伯商人或印度商人。而这艘沉船的目的地，也应该是印度或西亚。然而"南海一号"为何会在水流平静、少有暗礁的广阔海域沉没，人们就不得而知了。

人人都道，"南海一号"的发现堪称是一大奇迹。究竟是什么原因，让人口出此言呢？

经过 20 余年的发掘、研究，"南海一号"于 2007 年完整出水，考古学家共打捞出 6 万余件瓷器和众多珍贵的历史文物。而这些瓷器大多都保存完整，尤为令人震惊的是，就连当初捆绑瓷器的草绳，经过数百年的浸泡后，仍然保存了下来。

这些出水的瓷器大都色泽鲜亮，丝毫看不出经过 800 年海水浸泡的痕迹。经过专家鉴定，这些瓷器多出自龙泉窑、景德镇、德化窑、磁灶窑，而且都是名贵的精品。

那么这些瓷器，经过数百年海水的浸泡，为何依然崭新如一呢？专家经研究得出结论，这是因为沉船被埋在海面 20 米以下的淤泥里，并且船体的表面都被淤泥所覆盖，在一定程度上阻隔了海水和海底微生物的腐蚀。因此，瓷器的釉层才没有脱落。

在两宋时期，中国各地区的窑场如雨后春笋般蓬勃而出，原有的名窑更是名声远播。考古学家从"南海一号"中出水的瓷器，大多为国家一级或二级文物。其中有：青白釉的六方执壶、四系罐、印盒、花瓣圈口的碗碟，还有景德镇烧制的影青瓷、德化窑的青白瓷、建窑黑釉、磁灶窑和龙泉窑的青瓷等 30 种精美瓷器。

这些出水的瓷器都是精美绝伦的名贵文物。其中一件印满花纹的影青瓷，据相关专家估算，类似的瓷器在国际市场上，每件售价高达几十万美元。建窑黑窑的市场价值亦令人震惊，一块仿制的普通兔毫黑釉，在杭州拍卖会上竞价高达数万元。西沙群岛出水的一块古建窑瓷盏，在西欧珍宝市场上售价竟高达 20 万美元。更有些珍贵的建窑黑窑，竟以 1300 万元天价落槌。文物的价值固然主要源于它本身凝结的超高工艺和蕴含的历史文化，但市场价亦是一个重要的参照。

虽然"南海一号"沉船还存在很多未解之谜，但它依然蕴含了不可比拟的历史价值。它是迄今为止世界上发现的海上沉船年代最早、船体最大、保存最为完整的远洋贸易商船，也是唯一能够见证古代海上丝绸之路的沉船，因此，专家们不断汲取世界上最新的科研成果，利用各种高科技，保护好这颗光辉璀璨的历史明珠。

中国考古初探南海沉船

西汉初期，张骞奉命出使西域，他将中原特有的香料、丝绸等物传播到西域，开辟了"丝绸之路"。此后，"丝绸之路"发展日益盛行，唐宋时期，古代中国与海外国家贸易往来越发密切，而作为远行海外必经之路的南海，不知吞没了多少古代船舶，以及珍贵无比的历史文物。

为探索、研究中国古代的文化历史，老一辈的考古学家曾致力于南海考古。夏鼐先生曾试图发展中国水下考古技术，然而因故未能实现。近十几年来，中国水下考古工作者在南海海域开展了一系列的调查和发掘，初步解开了南海古代沉船的谜团。

1987 年，广州救捞局在广东省台山县川山岛的南海海域发现了一艘古代沉船。接下来的两年里，中国历史博物馆水下考古研究室组织调查队，先后对沉船遗址进行了多次调查和打捞。考古学家从这艘沉船中打捞出大量文物，但正式报告尚未发表。从广州救捞局打捞出水的文物来看，这艘沉船装载的货物，主要是宋元时期福建和江西一些窑口瓷器，其中还有锡制的水壶、银锭、镀金腰带，以及"绍兴通宝"和"政和通宝"等铜钱。

1987年，海南省文化厅组织的海军潜水员在文昌县城东的宝陵港海域发现了一处古代沉船遗址。3年后，中国历史博物馆组织人员对这艘沉船进行调查。这艘沉船的主体已经被泥沙掩埋，金属文物凝结成块状堆积。其中有成螺旋的铁锅、铜锣等，在沉船的缝隙中人们还发现了一些瓷器、铜手镯、银锭、铜钱等物和大量的"永历通宝"，凝结物的底层发现了船壳板的痕迹。"永历通宝"是明末南明桂王政权时所铸，是乱世的产物，直到清朝咸丰、同治年间，仍可以见到它的影子。故而专家推断，这艘沉船应属于清朝初期。

广东新会市的银洲湖就是宋元年间的崖门海域，1277—1279年间，南宋流亡王室与元军在这里发生了一场激烈的海上决战，宋军船舰全军覆没。斗转星移，沧海桑田，昔日的崖门海域，如今大部分已经被淤泥堆积成陆，只剩下一部分水域——银洲湖。自1991年至1999年，中国历史博物馆先后对银洲湖进行了多次水下调查，通过声呐勘测发现了几处沉船遗址，不过这些沉船早已被泥沙层覆盖，有待今后的水

出水的清朝铜手镯

下发掘。此外，人们在银洲湖岸边多次挖出宋代的船板和瓷器，水下获得的船板经过勘测，得知距今已有 690 年左右的历史，与南宋海战时间基本吻合。

除了曾被作为战场的银洲湖，地处珠江口西侧的广东珠海海域，也埋藏着许多古代沉船的残骸。迄今为止，人们已经在伶仃岛、荷包岛、蚊洲岛、草堂湾、平沙前锋等地沿海城市先后发现了 5 处古代沉船遗址。

1969 年，考古学家在南水镇蚊洲岛北面的沙滩冲击层中发现并出土了 212 件古代青瓷器，经过鉴别，这些瓷器均出自宋元年间福建沿海的龙泉窑。发掘出的瓷器类别单一，成摞叠放，还有经草木包装的痕迹。3 年后，人们在三灶草堂湾东面海域 2 米深的水下，发现了另一艘古代沉船。这艘船长 20 余米，船舱内还堆放着果品和香槟。与之前打捞的沉船不同，这艘船不用榫扣和船钉，而用绳子捆扎船板，与中国古代的造船技术大相径庭。打捞出水的船板长达 2 米，当地老人称，20 世纪 40 年代，这艘沉船还露出过桅杆，想来年代不会太早，应该属于晚清沉船。

1976 年，考古学家在平沙前锋村的深泥潭中发现了 3 艘古代沉船，发掘出其中一艘。这艘沉船全长 20 多米，由柚木打造，它的船板厚 4 厘米，外壳包裹了一层铜皮。故而专家判断这艘船应属于晚清年间。一年后，人们在担杆镇外的伶仃岛海面打捞出了 14 件古代陶瓷器物。经过鉴别，确认这是唐代广东新会窑的产品。这艘船的形态与以往古船相似，且携有年代象征的瓷器，应该是古代沉船的遗物。时隔 8 年后，人们在南水镇附近海域，打捞出了 21 件陶瓷器物，也是唐新会窑产品，并具有成批船特点，为寻找唐代沉船提供了另一个重要线索。

1988 年，在广东省吴川县的沙角漩海域发现一处清代沉船。该沉船的船体被一堆大小石头压着，只露出被腐蚀严重的局部，船的形态已经很难辨认。考古学家在船内采集到不少金属物，如铜钉、铜环、铜柱等船体结构件和陶瓷器具。根据铜柱上的字徽和当地的传说，这应该是一艘清代末年的船。

1995 年，在广东省汕头市，考古队发现了一艘古代沉船。这艘沉船的肋骨和龙骨外露，其余部门均被淤泥覆盖，船体的形态和结构已经无法辨别，不过考古人员在船体附近采集到了"潘前忠振伯前镇前协关防""礼部造"的篆文铭铜印章和"国姓府"铭铜铳等物。相关专家判定，这艘船很可能参与了明郑时期在粤东的水上活动。

在 1976 年，考古学家在广东省湛江化州县石宁村的鉴江东堤，发现了 6 艘古代独木舟。这 6 艘独木舟的构造基本一致，中间宽、艏艉窄，如同一个梭子。不同的是，这 6 艘独木舟大小各不相同。其中有一艘独木舟保存较为完好，它残长 5 米、宽 0.5 米，船内两侧均有 7 个船位痕迹。另外一艘独木舟残长 6.2 米、宽 0.72 米，它是这几艘沉船中最大的独木舟。相关专家经过对木板的鉴别，确认发现的 6 艘独木舟属于东汉时期。

除身为重要港口的广东沿海海岸外，西沙群岛也是海上沉船的多发区。西沙群岛岛屿众多、分布广阔，是海面船舶的致命杀手，因而船底埋藏着丰富的历代沉船。自 20 世纪 20 年代以来，人们不断在西沙群岛发现和打捞出中国古代沉船，并出水了大量古代瓷器。这些沉船大多沉落在各个礁盘的北面或东、西两侧，与我国古代航船南下的航线不谋而合。

1920 年，曾有渔夫在西沙群岛珊瑚礁盘附近发现了大量中国古代货币，其中最早的是王莽钱，而最晚的是"永乐通宝"。这也为我国考古学家发掘古代沉船，提供了重要的线索。经过几年的探索，考古人员确定我国古代沉船遗址有珊瑚岛、南沙洲、南岛、北岛等，并发现唐、宋、清代的各式瓷器以及货币。

"环球第一"菲律宾探险

1985 年,法国"环球第一"探险队前赴"千岛之国"菲律宾海域,拉开了一系列古代沉船考古的帷幕。这一年,"环球第一"探险队来到巴拉望岛海域,找到了荷兰东印度公司"皇家舰长"号商船的沉址,另外,还发现了一艘明朝商船。

1773 年,"皇家舰长"号与一艘明代商船航行至巴拉望岛海域时,意外触礁沉没。而那艘明代商船也没能免于灾难,连同船上的千余件瓷器,一并沉没深海,事发后,人们便将这处暗礁叫做"皇家舰长暗沙"。暗沙区域正处于巴拉望水道,同时这也是航行的便捷通道,古往今来不知有多少船舶葬身于此。

"环球第一"探险队利用磁力线,在 55 米的深海处,发现了一个 18 世纪的船锚,经证实属于"皇家舰长"号。不久后,探险队便在海底附近发现了一艘明代商船,并将它命名为"皇家舰长暗沙二号"。探险队随即放弃了对"皇家舰长"号的考察,立即开始发掘、打捞"皇家舰长暗沙二号"。经过一段时间的努力,探险队从沉船里发掘了 3768 件瓷器,这些瓷器多产自明万历年间的江西景德镇窑、福建德化窑和漳州窑。此外,探险队还从中打捞出一些带孔的彩色玻璃珠、铜锣、铁棒、铜线等物。

不久后,"环球第一"探险队与菲律宾国家博物馆合作调查,并打捞了英国东印度公司的"格里芬"号沉船,从中打捞出数千件瓷器和各种金属凝结物,以及锡锭等物。"格里芬"号是一艘英国商船,它曾远航中国。1761 年,"格里芬"装载着大批瓷器、丝绸等物,离开中国港口,航行至巴拉望岛海域时,不幸触礁沉没。这艘船在海底经过 250 余年的浸泡,船上层早已腐蚀无存。经过测量,这艘残船长29 米,船舱内的木箱等物仍保存完好。

时隔3年，菲律宾国家博物馆与西澳大利亚海洋博物馆合作，在吕宋岛西部一带海域进行水下考古调查，发现了一系列古代沉船遗址，这也为"千岛之国"的水下考古拉开了序幕。

水下考古队在吕宋岛西部仁牙因湾口的博利瑙港外，发现了两处沉船遗址。一号古船沉没于该市东部的塔加博罗岛的北面礁盘上，人们在3米深的礁盘上发现了散落的华南沉船遗物。二号古船沉没在该市的北侧，人们在那儿打捞出了一件锚碇石，这与中国泉州的法石相似，这艘沉船很可能还是宋元年间的帆船。

宋元年间的帆船

没过多久，人们在吕宋岛西南部的圣安东尼奥港附近的海底发现了一艘沉船，而且还打捞出一些宋元时期福建仿龙泉窑的青瓷器。考古队还在维德岛海域水下发现了一艘18世纪的沉船遗址，并打捞出一些中国的青花瓷器和陶器。这艘船保留下了方形的龙骨和残断船板，经过相关专家鉴别，这正是航行于中美洲和马尼拉之间的帆船"那斯特拉·赛诺拉·维达"号。

后来，考古队在皮托加拉港外也发现了一艘沉船，沉船中有一半都是泰国生产的青瓷，另一半则是中国元朝时期生产的青花瓷器。虽然"环球第一"探险队已经发现了众多沉船遗址，但是他们并没有停止前行的脚步。

1991—1994年期间，"环球第一"探险队再次与菲律宾博物馆合作，在马尼拉湾南口好运礁附近发现了一艘沉船。这是一艘古老的西班牙商船，人们称它为"圣迭戈"号。1600年，这艘满载中华瓷器的商船，遭到了荷兰人的进攻，船只连同那些珍贵的瓷器一并沉没深海。随后，考古队开始对沉船进行发掘，出水了3万余件文物，在5671件陶瓷器中，有许多江西景德镇窑和漳州窑出产青花瓷器和一些不知何处生产的青花瓷，还发现一些黑釉瓷和许多金锭。经过相关专家鉴别，这批文物属于中国明朝时期，它不仅十分珍贵，也是中国明代与西班牙交流的见证，在两国文化交流和历史研究上都有着相当大的意义。

自1985年以来，"环球第一"探险队先后在菲律宾附近海岸发现多处古代沉船遗址，并打捞出数以万计的珍贵文物，其中大多数皆为中国明清时代的瓷器。从中我们也可看出，明清年间正是中国外销瓷器的盛世。

自康熙二十三年后，清朝政府平定了南方势力，随后重新打开国门，允许欧洲各国的商船前往广州等重要港口，并且大规模地将瓷器销往海外。当时销往海外的瓷器大致分为两种，一种是独具东方文化色彩的传统瓷器；另一种则是结合异国风情，适应市场的西方瓷器。不少烧瓷人在瓷器上绘画出西洋名画、铭文等，制造出颇具欧洲色彩的瓷器。这两种瓷器在欧洲市场广受欢迎，众多欧洲商人不远万里，来到中国一睹青花瓷的美妙。

也正因如此，不少欧洲商人或中国商人满载着质地上乘、精美绝伦的瓷器远航海外，希望将令人叹服的东方文化带入西方，却不想在

惊爆世界的南海沉宝

航行途中遭遇风暴、海浪、暗礁，乃至他人的攻击，最终遭遇了沉船厄运，致使船只与瓷器一并埋葬深海。时至今日，人们仍然需要发掘和探索，沉船的谜团并没有完全解开。

沉没广东的"南澳一号"

2007年，广东汕头的渔民在潜入南澳岛海域海底作业时，无意发现了一艘载满瓷器的古代沉船。很快，海底有古船的消息不胫而走，一些古董贩子也特意前来盗捞文物。5月25日、26日两天，南澳县边防派出所先后两次抓捕10名盗捞文物嫌疑犯。为了保护沉船遗址和海底文物，广东省文化厅立即组成了一支10人水下考古小队，对沉船进行打捞和研究，同时也将这片海域监控起来，为防不法分子盗取文物。

2009年，水下考古队正式实施对沉船的打捞计划，并将这艘古代沉船命名为"南澳一号"。这艘沉没在汕头海底的古代沉船，长27米、宽7.8米。它的上层结构已腐朽无存，但船舷和舱位保存状况较好。由于船体表面覆盖有泥沙和大块凝结物，船体和文物受腐蚀和人为因素破坏较小，经过勘测和发现，沉船共有25个舱位，这是迄今为止发现的明代沉船里舱位最多的古船。

经过一年多的努力，水下考古队成功从沉船的2～5号舱打捞出千余件瓷器。经相关专家鉴定，"南澳一号"应属于明嘉靖至万历年间，船中的青花瓷器则来自明代粤东或者闽南及江西一带的民间瓷窑，这也是中国水下考古队首次发现出自广东民窑的瓷器。

6月中旬，水下考古队从沉船中打捞出数十件完整的瓷器，其中包括一个高约30厘米、宽约20厘米的青花瓷罐，还有一批绘有龙纹的瓷罐和釉陶瓷、青花瓷大盘、碗、钵等文物。直到7月初，水下考古队已经发掘并打捞出 1 万余件文物，其中有 9711 件瓷器、131 件陶器、100 余金属和大量铜钱。

不过"南澳一号"的谜团并没有完全解开。在 2012 年，水下考古队完成了对该沉船的第三次打捞，出水文物共计 3 万余件，考古队员还发现了 4 门火炮和大量弹药的凝结物。考古人员发现，这批出水瓷器大多出自漳州市平和窑，不乏大量克拉克瓷器，除此之外，还有部分彩釉瓷器和金属器物。这些瓷器各式多样，大多为青花瓷器，包括大盘、碗、钵、杯、罐、瓶等，另外还有部分釉陶罐、铁锅、铜钱等金属器物。

出水文物中，有不少绘着人物、花卉、动物等图案的彩瓷。如以莲花代表"廉政"的"廉"，用鹿代表仕途的"禄"，以及一些具有典故含义的图形。不少青花大盘内壁都绘有麒麟、牡丹、仕女、书生、花草等图案。

相关专家根据船中的瓷器及沉船遗址，对"南澳一号"的海运故事作了初步的推断。相关专家认为，"南澳一号"很有可能与当时西班牙的"马尼拉"号大帆船有贸易来往。在晚明时期，西班牙、葡萄牙等海外强国开始参与、控制全球贸易。"马尼拉"号是一艘被西班牙人控制的大帆船，虽然它航行在菲律宾马尼拉与墨西哥之间，但它运送的货物主要来源于中国漳州的月港。根据沉船中颇具东方特色的瓷器，"南澳一号"很有可能是从漳州出发，前赴菲律宾的马尼拉海域，再由"马尼拉"号转运美洲。

也有专家持其他意见。在明朝万历年间，明朝政府严禁民间将铜料销往海外，但考古人员却在沉船中发现了铜炮等金属物器，因而专

出水的青花瓷盘子

家推测，"南澳一号"很可能是一艘走私船舶。也有人根据"南澳一号"的年代、沉船地点、航线以及运送货物认为，它很可能是当时亚洲最大的海商李旦的商船。

考古专家表示，当时东南亚、非洲的北部肯尼亚等地，曾出现过大量风格类似的瓷器，毫无疑问，"南澳一号"是一艘销往海外的船，而它的目的地极有可能是东南亚或者汉文化圈一带。

关于"南澳一号"的推测众说纷纭，虽然尚未确定"南澳一号"的始发地和目的地，不过这并不影响"南澳一号"的历史价值。这艘船是目前为止保存比较完好的沉船，在完成打捞文物工作后，打捞"南澳一号"也是很有必要的。

"华光礁一号"沉船

在 700 多年前，有一艘大型木船载着大量瓷器和金属器物，缓缓驶离福建泉州码头，经过南海，准备向东南亚地区驶去。然而在航行途中，这艘木船却不幸身沉大海，从此杳无音讯。历经百年之久，当地的渔夫偶然发现了这艘沉船的遗迹，直到 2007 年，这艘古船才终于重见天日。

1996 年的一天，有渔夫在下海捕鱼时，偶然间在华光礁附近发现了一艘古老沉船。随即，国家历史博物馆和海南省文体厅一起赶赴该海域，对沉船进行探索和发掘。水下考古队做好充分的准备工作，随后潜入深海，寻找那艘沉没的历史古船。

这是一艘大型木船，虽然经过海水几百年的浸泡，但依然保留了船体的结构。经过测量，古船残长 20 米，宽约 6 米，舱深 3 ~ 4 米，人们还在船内发现了 11 个残留的隔舱。虽然船体的上层部分已经腐朽无存，但底层船体保存较为良好。更令考古人员兴奋的是，它是一艘具有 6 层结构的古船，这也是我国考古人员首次发现 6 层结构的古代沉船。

这艘古船曾多次遭到古董贩子的发掘，因而遗址被破坏严重。考古人员发现它时，船身结构基本清晰，不过船体已经被破坏了一部分。经过测量，残船的覆盖面积在 180 平方米左右，考古人员初步判断，这艘船的排水量应该大于 60 吨。由于船体构件已经高度饱水，因此不能盲目对船体进行加固，随后考古队采集了部分标本，留待研究、实验，希望能在日后将这艘沉船打捞出水，并加以展示。

由于这艘古代木船沉没在西沙群岛的华光礁内侧，因此考古人员将它命名为"华光礁一号"。经过一段时间的发掘和考古，人们在船舱内发现了大量的瓷器和金属。接下来的 55 天里，考古人员从"华光礁一号"中发掘并出水了上万件文物，绝大多数都是陶瓷器，这些陶瓷主要出自福建和江西景德镇，有青白釉、青釉、褐釉和黑釉，这些瓷器的形态也多种多样，如碗、盘、碟、盒、壶、盏、瓶、罐、瓮等。它们的装饰手法和纹样丰富且精美，其中不乏有价值不菲的上等瓷器。

考古人员还从沉船中发掘出一件刻有楷书"壬午载潘三郎造"字样的青白釉碗以及其他一些同时期的瓷器，因而断定"华光礁一号"应该属于南宋中期，它是一艘远行海外的贸易商船。专家经过研究考察，推测它的始发港应是福建泉州港，途经海南，准备驶向东南亚等地。

那么这艘商船，又为何会沉没在此呢？考古队员在发掘沉船遗址时，破解了谜团。考古人员在华光礁的礁盘上，发现了沉船的下部结构残骸，但上层甲板全无踪迹。因此相关专家推测，商船很有可能是在靠近华光礁处航行时，因为操作失误，致使船只被风浪托起，抬到礁盘的浅水珊瑚丛中搁浅，导致船体破碎，最终沉没大海。

在完成"华光礁一号"文物的出水工作后，国家博物馆水下考古研究中心和海南省文体厅文管便开始计划打捞"华光礁一号"出水活动。在得到国家文物局批准后，水下考古队便开始计划沉船打捞活动。

从2006年至2007年，考古人员历经千辛万苦，终于将"华光礁一号"成功打捞出水。这一行动在我国实属罕见，对研究我国古代造船史有着重要意义。这艘古船的船板较多，大部分有5层，局部有6层，且船板较大，大部分主要船板长度均在5米以上，最长的船板可达14.4米，宽度也在30厘米以上，最宽的一块船板达48厘米。

沉船出水的青白釉

当"华光礁一号"沉船顺利出水后，我国历时两年的远海水下考古发掘活动也暂告一段落。人们不仅打捞出水了大量的瓷器，更是获得了最具历史价值的文物——"华光礁一号"古船，它既是所有水下古代船货的承载体，同时也是我国古代造船工艺及远洋航海技术的完整再现，其历史价值之高，提取及保护难度之强，都要远远地超过某个单件文物。"华光礁一号"是迄今为止人们发现的第一艘有6层船体构件的古船，它展现了中国古代造船工匠的精湛技艺，为中国水密隔舱船传统技术又增添一个新的佐证，对评估中国古代造船技术以及对于世界航海发展的贡献具有重要意义。

南海海域沉没的外国船舶并不多，但中国古船却很多，这不仅能够证明中国是最早开发南海的国家，同时也是古代中国与周边国家友好往来的佐证。"华光礁一号"出水的瓷器反映了南宋早期中国的航海技术处于世界领先地位，国力也在世界各国中较为强盛。因为"华光礁一号"对研究我国航海历史意义重大，修复该船也是必然之举。

Part 5

探寻沉溺的远东之旅

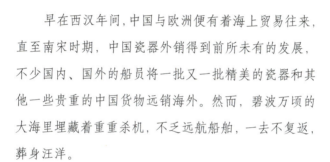

　　早在西汉年间，中国与欧洲便有着海上贸易往来，直至南宋时期，中国瓷器外销得到前所未有的发展，不少国内、国外的船员将一批又一批精美的瓷器和其他一些贵重的中国货物远销海外。然而，碧波万顷的大海里埋藏着重重杀机，不乏远航船舶，一去不复返，葬身汪洋。

"哥德堡"号沉船

在 16—17 世纪，古老而富庶的中国禁止了民间与海外商人的贸易来往，从此中国似乎与世界隔绝了。直到清朝年间，政府再次打开了海口，但却只允许在广州海口通商。中国的封闭，对远在西方的欧洲市场是一个莫大的打击。中国的瓷器、茶叶、丝绸与文化，在西方国家广受欢迎，加之中国与欧洲远隔千里，运送这些货物亦是危险重重，因此这些东方货物在欧洲市场有相当大的需求。

当时因战火连天而日益贫瘠的瑞典，为振兴国家的经济，决定用自己国家的木材和西班牙人换取白银，然后再远洋中国，用白银换取瓷器、丝绸和茶叶，再将这些商品源源不断地运向欧洲乃至世界各地，希望以此来为瑞典带来财富。当时繁华的哥德堡市，就是在这样的时代背景下诞生的。

200 多年前，哥德堡市每当有远航船舶归来时，整座城市就像节日一样欢庆。码头停泊着大大小小的船只，它们期待着从远东运来大笔财富。不少年长的水手，向身边的人讲述海上冒险的故事，还有在遥远东方国家的奇异经历。

这一天，瑞典哥德堡港风和日丽，人群如山似海。"哥德堡"号商船漂洋过海，满载着中国瓷器返回故土。码头上的人们远远望见船帆，发出热烈的欢呼声，所有人都期待着英雄的归来。然而人们做梦也想不到，就在"哥德堡"号还差 900 米靠岸时，商船竟然笔直地撞上了暗礁，在众目睽睽之下，"哥德堡"号离奇地在故乡海岸沉没。原本欢声笑语的码头，顿时一片哀寂，叹息声和抽泣声不绝于耳。

"哥德堡"号是一艘瑞典造船厂精心打造的商船。船全长 58.5 米，水面高度 47 米，它拥有 18 面船帆，可以载运 400 吨货物，为了对抗大西洋海盗，船上还装有 30 门巨炮，这是当时世界最大的木船，也是一艘名副其实的宝船。

1739 年的一天，"哥德堡"号开始了它的首次航行——远航东方国家，并且先后顺利完成了两次远洋航行，为瑞典带来了巨大的财富。然而 1743 年，"哥德堡"号商船第三次远航中国，可是谁也想不到，这次远航不仅多灾多难，竟然还成了一场绝命航行。"哥德堡"号像往常一样，在西班牙卸下木材，换取当地的白银，随后沿着非洲西海岸航行，直奔印尼的爪哇岛。

令人惊叹的中国丝绸

"哥德堡"号的构造相当科学，它的多数桅杆都设在船的后部，这样一来，船帆能够最大限度地利用风向航行。因此，气候和季风就成了"哥德堡"号远航的重要条件。当"哥德堡"号航行至印度洋后，遇到了强劲的南风，在险象环生的海面，"哥德堡"号历经了 3 个月的磨难，这才绕过好望角，抵达印尼爪哇岛。

8 月底，"哥德堡"号在爪哇岛靠岸，在装上大量补给品后，又招募了一批新的水手。这是因为在远航途中，有些水手不堪艰难，已经命悬一线。当"哥德堡"号重新起航时，遭遇了英国军舰的拦截，经过破财消灾，好不容易放了行，却又被荷兰军舰扣押至雅加达，这使他们错过了季风，不得已只好在雅加达多待了半年。

1744 年 9 月初，这艘历经磨难的瑞典商船，终于抵达了中国广东。"哥德堡"号停泊在广州黄埔古港后，一面补充补给品，一面欣赏广东的绮丽景色。继而奔波在广州的多处集市，用白银换取了大量的瓷器、丝绸和茶叶。3 个月后，这艘满载着东方"财富"的商船，缓缓离开广州港口，向它的家乡——瑞典哥德堡港驶去。

经过一年多的航行，"哥德堡"号满载着财富回到了瑞典哥德堡市。正当船员们为即将见到阔别已久的亲人兴奋、激动的时候，船底忽然传出一阵令人汗毛耸立的声响，随即船舱内涌进大量海水，随即船体倾斜，船舱里传出"咔嚓"的碎裂声——满载挽救瑞典"财富"的"哥德堡"号缓缓沉没大海。附近的船只急忙赶来救援，虽然营救了所有的船员，但那笔从远东运来的巨额财富，却没能逃脱埋葬海底的厄运。

"哥德堡"号的公司立即派出打捞船，抢救船上的货物，人们费了九牛二虎之力，终于打捞出一些丝绸和茶叶，在将这些货物晾干后，马上进行拍卖。虽然抢救出的货物仅有四分之一，但市场的拍卖价格已经让人们有所盈利。那些贵重的瓷器和上万斤的茶叶，如果能够顺利抵达海岸，将会是一笔丰厚的财富。

这艘在当时首屈一指的宝船，曾 3 次远洋中国，多次横跨大西洋海域，与凶险的海盗斗智斗勇，然而它的命运却令人唏嘘，竟会撞上停泊港口的礁石。要知道，哥德堡水手无一不清楚这片海域的地形，别说是哪里有暗礁，就连何时会刮起风暴，他们也一清二楚。尽管如此，"哥德堡"号还是发生了戏剧性的悲剧，就好像一个凯旋而归的骑士，在自家门前跌破了头。

很快"哥德堡"号离奇沉没的消息传遍大街小巷，不少人对它的意外沉没展开了大胆的假设。有人说，船员在回航时，早已经将货物卖给了别人，为了遮掩这种丑陋的罪行，所以才会自沉商船。也有人说，是船长的玩忽职守，才导致商船在最后的一段旅程触礁沉没。还有人说，当时"哥德堡"号公司即将面临破产，以沉船来博取社会的同情。尽管司法机关对沉船事件做了全面调查，但仍然一无所获。"哥德堡"号正如人们所见的那样，撞上礁石沉没了。

时隔多年，"哥德堡"号沉没的故事，已渐渐淡出人们的视线，只有一些忠于冒险的沉船探险家，将这艘曾载着中国数万宝贝的商船，列在了探险目标的名单中。

大西洋海底的货船

1857 年 9 月初，一艘美国籍的"中美洲"号远洋蒸汽机客轮，航行至巴拿马运河后的第七天，向佛罗里达湾驶去。这是它的第 44 次航行，它曾创下无比辉煌的横跨大西洋与太平洋海域的奇迹，然而这一次的航行，却使它英名尽毁，葬身大海。

这天，"中美洲"号蒸汽客轮破浪前行，狂风在海面怒吼，客轮在涌浪中载沉载浮。这时，哈德逊船长和机械师乔治发现船体破裂，汹涌的海水如猛兽般冲进了船舱。哈德逊船长立即下令，吩咐船上所有健壮的男性，动用一切可以盛水的器具，试图将海水排出，但这些努力并没有丝毫作用。

次日中午，海面上的风浪越发猛烈，船体破裂也越发严重，"中美洲"号已经到了危急关头。正在这时，迎面驶来一艘名叫"海洋"号的双桅杆木船，尽管它在风浪中受尽折磨，但还是努力地向"中美洲"号靠拢。

此时"中美洲"号已经摇摇欲沉，哈德逊船长命令船员们疏散乘客，并让妇女和孩子先到甲板上来，好让她们先获得救援。然而，海浪太过凶猛，每放下一艘救生船，就会在顷刻间被卷入大海。无奈之下，只好在人们的腰部系上绳索，再让她们乘上颠簸的小船，由船员们牵引着将人们拉上"海洋"号的甲板。

没过几个小时，"中美洲"号客船已经灌满了海水，船尾已经沉入大海。船上那些费劲心力才换来一些金子的淘金客，为了求生只好舍弃身上携带的黄金，纵身跳入大海，奋力挥动双臂，向不远处的"海洋"号游去。当天夜里凌晨，除了那四十几名跳船逃生的淘金客，被"海洋"号救起，其余的400余名乘客和19吨黄金一起葬入了翻腾汹涌的大西洋海底。

这些黄金原本是从西海岸特意运往纽约振兴美国经济的，然而这一宏图愿望，就在顷刻之间化为了泡影。不久后，美国整个经济界恐慌连连，许多机构与公司纷纷倒闭破产，由于南北局势恶化，一场旷

蒸汽客轮

日持久的南北内战，也随之爆发。

岁月流逝，光阴荏苒，曾响彻美国大街小巷的"中美洲"号沉没事件，也随着流逝的岁月被人们淡忘。直到130余年以后，一个名叫汤姆森的美国青年和他的几个伙伴公布了打捞沉船的消息，这才使人们想起曾发生在大西洋的恐怖海难，以及船上价值连城的黄金。

汤姆森从小就与众不同，他渴望成为一名探险家，解开世界上一个又一个的谜团。后来汤姆森结识了和他有一样梦想的沙茨，两人迅速成为了好友和搭档，后来地理学家埃文斯也加入了他们的团队，并一起寻觅沉没在海底的宝藏。不久后，汤姆森三人发现了"中美洲"号客船的沉没位置，并在海域附近打捞出了许多金子。很快，"中美洲"号遗留的那笔财富，就成为众多人的目标。

1988年夏季，一艘名叫"北极发现者"号的考察船，停泊在碧波万顷的大西洋海面上。它装载着先进的海底探测仪器设备，对大西洋海底进行着监视和搜索。直到两个月后，工程师汤普森利用声呐发现了沉没的黄金，这无疑是一笔惊人的财富。1988年秋季，汤普森等人顺利打捞出大量金块。那些金块表面覆盖着斑斑锈迹，但只要轻轻一擦，就会闪烁出金灿灿的光芒。

虽然探险家汤姆森和工程师汤普森先后都对"中美洲"号进行了打捞，不过专家推测，他们打捞的黄金只是那笔巨额财富的5%，因此"中美洲"号沉船的打捞工作并没有结束。

不过，尤为令人惊奇的是，"中美洲"号的残骸在海底躺了130余年，船体仍保持完好，而且船体还寄生着许多生长良好的动植物。这引起了世界各地航洋科考人员的兴趣，纷纷前往大西洋海域，对这艘神秘的沉船进行解谜。

2014年5月6日，号称世界沉船打捞界巨头的美国奥德赛海洋勘探公司宣布，在美南卡罗莱纳海域一带发现了已经沉没157年的蒸汽船"中美洲"号，并打捞出1000盎司的黄金，即28.3公斤。其中包括5根金条和2枚面值20美元的旧币"双鹰金元"。根据目前金价计算，发现的黄金总价值达818万元人民币。

奥德赛海洋勘探公司在4月15日寻获这批黄金，该公司首席营运官葛登表示，他们并没打算快速打捞，在发现的几周里都处于研究阶段。直到4月22日，打捞船再次起航，打捞剩下的黄金。

曾经远航大西洋的"中美洲"号蒸汽机客轮，在遭遇飓风后，连同船上的大量黄金一并深沉海底，虽然这是航海史上令人痛心的大海难，但它给后人留下的不仅仅是航海事故中应吸取的教训，还有让航海工作者研究不尽的课题。

沉没越南的中国古船

1990年，越南南部的渔夫，在南中国海西南部的昆仑岛海域，发现一处中国古代沉船遗址。1991年，越南国家打捞公司与新加坡考古学家对这艘沉船进行了水下发掘。数月之后，水下考古人员在35米处的海底，发现了沉没已久的古船。

人们发现它时，它的全身已被泥沙和贝壳覆盖，在清理沉船后，人们开始对沉船进行考察。这艘沉船大致呈南北方向，长度约25米，最宽处为5.5米。它的艏柱和主、艉龙骨皆为方形，宽达30厘米，艏柱长4米，主龙骨长16米，艉龙骨长5米。在外置龙骨上方、船舱内侧还有一道与外置龙骨完全平行对应的子龙骨，这是一种很特殊的加强结构。

这艘古船与其余船舶的不同之处还在于船体内部保存了7列隔仓板，船舱的规模即隔仓板的间距不等，不过仍有规律可循。这些舱位以"两宽一窄"的顺序排列，现存的舱位长度分别是：2.27米、1.34米、

2.525 米、2.425 米、1.405 米、2.455 米、2.20 米。

在船舱内部还有两道纵向的隔仓板，分别位于第 2、3 列隔舱板之间的舱位和第 5、6 列隔舱板之间的舱位，将所在船舱一分为二，形成左右两个小舱室，不过这也很可能是装载船货时，临时加上的隔板，而不是船体本身的结构。

在船体的肋骨处没有隔舱板，而是依据舱位的大小分别布置第 2 ~ 4 道肋骨，全部肋骨压在子龙骨下部。外壳板有两层，内层 6 厘米，外层厚 4 厘米，两层之间用艌料填满。全船只有一个桅杆，位于第 6 道隔舱板的前部，方形桅孔达 30 厘米宽。

考古人员在船内发现了大量陶瓷制品，仅在 1991 年就发掘出水 48288 件陶瓷器，其中有 60% 都是保存完好的器物，这些陶瓷器大多在船舱内堆积而成，保存有舱货的特征。其中有瓶、罐、器盖、碟、茶

船内出土的陶瓷制品

碗等青花瓷器，还有许多储藏货物的大型陶器。在第 4 和第 8 舱板之间，还有许多红色的方形铺地砖，这些砖是船货，同时也起到了压舱石的作用。在第 5、6 舱板间，考古人员发现了陶瓶、人物塑像、木琴、小镊子、二少、大量纽扣和铜钱。这些铜钱上面印着"顺治通宝"的字样。

这艘沉船船体虽与传统中国木船有些区别，但仍属于中国南方船型。船上出水的文物几乎都是中国船货和中国式的日常用品，可见该船应该来自华南地区。尤为明确身份的是船上出水的一件青花瓷器，经过鉴定证实它出自清代闽南漳州窑，中部船舱装载的红地

砖也是闽南特有的建筑材料，因此，这应该是清代的一艘从闽南开往南洋的商船。

"巴图希塔姆"号沉船

在千百年前，我国海外贸易就已经蒸蒸日上，东南亚地区各国对中国古代的瓷器，有着十分浓厚的兴趣。这一年，一个名叫福阿德·塞夫拉的马来西亚商人，听闻中国的瓷器能够带来巨大的财富，于是他决定远航中国，到那儿去寻找"宝物"。

福阿德花费重金，建造了一艘独桅三角帆船，又招募了十几个阿拉伯水手，漂洋过海来到中国，在中国购买了大批制作精美的瓷器，随后踏上了回国的征途。福阿德一行人顺利回到了家乡，将运来的精美瓷器以高昂的价格，卖给那些身份贵重、非常富有的人。这些精美的瓷器十分受欢迎，不少富甲一方的商户以高昂价格收购。短短数月时间，福阿德就获得了一笔丰厚的财富。

不久后，福阿德带着水手们再次开始了远东之旅。经过半年的航行，他们来到了中国的沿海城市，在多个民窑订购了大量瓷器。他非常欣赏中国人的浮雕手艺，想着要是能在餐具上加上这些精美的花纹，一定会大受欢迎。一段时间后，福阿德和众水手把这些瓷器搬运上船，扬起风帆，准备返回故土。然而，这次远航却没有想象中那么顺利。

数月后，福阿德一行人

中国的瓷器

航行至东南亚海域。原本风和日丽的天气，忽然乌云重重，一道刺眼的白光闪过，随即传来轰轰雷声。福阿德见势不妙，赶忙叫水手们升了满帆，握稳舵向。不多时，海面狂风四起，汹涌的波涛击打着船身，一个数米高的海浪，一下子扑到甲板上，差点把一个水手冲下船去，幸亏福阿德及时拉住了他的手臂。

电闪雷鸣，狂风怒吼，暴雨凶狠地砸下来，激起一层层海浪，木船在翻涌的浪涛中载沉载浮。所有人都在心中祷告，希望这场暴风雨能够尽早平息。然而，狂风继续怒号，暴雨也越发凶猛。只听"咔嚓"一声巨响，桅杆的一处被暴风雨击断，一面风帆瞬间断开，在风雨中飘摇。木船忽然歪斜，木船摇摇晃晃地在海上挣扎着。眼看木船危在旦夕，福阿德和水手们心急如焚。这时，一个名叫卡尔斯的水手冒险冲到甲板上，试图爬上桅杆将飘摇的风帆拉下来。

卡尔斯一手抓住桅杆上的绳子，一手去抓摇摇晃晃的绳梯，经过几次努力，他成功爬了上去。狂啸的风浪一阵阵袭来，木船越发摇晃，卡尔斯抓紧绳梯，艰难地向上爬去，他试图去抓吹起的风帆，几次尝试都没抓到。这时，一个巨浪拍打过来，木船倾斜得更加厉害，卡尔斯决定铤而走险，又向上爬了一点，他一只手握住绳梯，另一只手去抓风帆，还是差一点。卡尔斯将身子挪到绳梯的边沿，伸出一只手奋力去抓，抓到了风帆的一角。随即甲板上传来一阵阵欢呼："他成功了，他做到了，我们要得救了！"可就在此时，海风突然加剧，一下子将绳梯上的卡尔斯掀了下去，"咕咚"一声，英勇的卡尔斯落入大海，随即被海浪淹没了。福阿德等人赶忙抛下缆绳，可早已不见卡尔斯的身影。

这时天空渐渐放晴，乌云消散，暴风雨也逐渐平息，飘摇的木船终于获得了平稳。福阿德和众人给卡尔斯举行了一个简单的祭祀仪式，人们都为这个英勇男子的逝世而难过。福阿德和水手们修复了风帆，调整了航线，准备向故乡驶去，然而一场海难已经悄然而至。

由于此前木船遭受了暴风雨的袭击，一些瓷器碰撞碎裂，福阿德带着几个水手在舱里检查，只留下两个舵手在甲板上。福阿德一行人刚进船舱，就感到一阵剧烈的摇晃，随后传来一阵恐怖的撕裂声。福阿德赶紧跑到底舱，只见船底被礁石划开了一个巨大的口子，海水如猛兽般汹涌而入。福阿德赶紧叫上水手们，试图拿器物把海水排出去，却于事无补。不多时，船体剧烈倾斜，福阿德只好和众人爬到甲板上，做最后的挣扎。幸运的是，不远处迎面驶来一艘木船，船长见远处有人遇难后，立即命令船员向出事地点驶去。此时，遇难船倾斜越发严重，船长命人放下小木艇，将福阿德等人救上了船，没过一会儿，那艘载满财富的船就沉入汪洋大海中。

百余年后，附近海岸流传着东南亚沉船宝藏的故事，但多数人们都认为，这样的故事如同"女娲补天"一样，没有真实性。蒂尔曼·沃尔特法恩是一家德国建筑公司的注水泥工，这天，他像往常一样在工地上干活。休息时，他偶然听一个印度雇员说在东南亚海底有一艘沉船，而且这艘沉船藏有宝藏。说者无意，听者有心，沃尔特法恩对沉船的故事相当感兴趣。不久后，他辞去水泥工的工作，用所有的积蓄买了一艘船和打捞设备，漂洋过海来到东南亚海域。

沃尔特法恩沿着当时的航海线一路寻找，皇天不负有心人，终于他在一块暗礁附近打捞出一块瓷片。那块瓷片布满淤泥，还有些寄生物，不过它的花纹却十分别致，具有东方特色。沃尔特法恩心花怒放，开始在这里打捞。几个月后，沃尔特法恩在海底发现了一艘沉船，并将它命名为"巴图希塔姆"号，随后他从沉船里打捞出一批珍贵的中国瓷器，沃尔特法恩欣喜若狂，带着这些珍宝回到了德国拍卖。那一件件稀世珍宝，给沃尔特法恩带来了一笔巨大的财富，转眼间，曾经在水泥地干活的工人成了首屈一指的巨富。

这些珍贵的宝物都是出自中国唐代,在出水的6万件文物中,包括陶瓷酒壶、茶碗和刻有浮雕的金银餐具等。相关专家推测,这是一艘出口马来西亚的古船,它应该是航行至东南亚海域时,遭遇暴风雨袭击后,撞到水下暗礁沉没的。"巴图希塔姆"号沉船的发现,表示早在1200年前,中国已经开始开展海上贸易。

"阿波丸"号沉船之谜

20世纪40年代,日本造船厂投入大量资金,建造了一艘远洋的万吨油轮,并将它取名为"阿波丸"号。这艘油轮全长154.9米,宽20.2米,深12.6米,总吨位11249.4吨,最高航速可达到20节。它本是一艘远航油轮,并不具备攻击和防御能力,但是在第二次世界大战期间,日本军方把它和同类型的4艘商船都改造成了轻型航母。虽然它隶属于日本的一家邮船公司,但却先后6次往返于日本、新加坡航线,为日本军队运送给养。在这6次远航期间,它多次受到炮弹和鱼雷的攻击,但都出色地完成了任务。日本军队视它为舰船骄傲,并称它为"不沉之舰"。

日本和美国曾协议,将这艘改装过的救援物资船"阿波丸"号拆除船头和舰炮,撤走士兵,并在船体标出绿色的记号,以免发生误击事件。然而,对于海上力量消耗殆尽的日本而言,"阿波丸"号是他们最优秀的运输船。因此,日本政府不甘心仅让它运送救援物资,它在获得美国所谓安全通行证的前提下,私自装了6000吨弹药和其他战争物资,从一开始就违背了日美双方的协议。

在1945年3月初,"阿波丸"号接到了前往新加坡的任务。3月28日,它载着2000余人和40吨黄金、20吨白银以及其他军用物资,离开新加坡港口,向日本返航。然而,这艘被誉为"不沉之舰"的骄傲舰船，并没有顺利完成任务，它偕同船上的众多货物以及 2000 余人，一齐身殒大海。

1945 年 4 月初，"皇后鱼"号潜艇已经在太平洋海面游荡了 4 个月。这天中午 12 点钟，"皇后鱼"号的僚艇"海狐"号发来信号，报告它用鱼雷对一艘日本运输船发起了攻击。当时"皇后鱼"号正处在台湾海峡咽喉地带，他们的攻击行动很有可能会遭到日军的反击。

9 个小时后，"皇后鱼"号继续在牛山岛东北约 8 千米的海面上浮巡逻。此时海面忽然大雾溟蒙，眼前白茫茫一片，什么也看不清楚。舰长拉福林瞬间意识到，这样的恶劣天气很有可能被对手用来反击，这时他打起十二分精神，通过声呐探测和多年来的经验，小心翼翼地航行在海面上。

晚上 10 点钟，声呐显示距离"皇后鱼"号约 15 千米的东南方向，有一艘日军战舰正面靠近。25 分钟之后，"海狐"号通报发现日本军舰。拉福林舰长听后，立即下达了靠近攻击的命令。很快，"皇后鱼"号来到了目标舰的附近，在距离它 1100 米时连续发射了 4 枚鱼雷。顷刻之间，爆炸声不绝于耳，就在 5 分钟后，声呐显示的地方军舰信号已经完全消失。

10 多分钟后，"皇后鱼"号收到了僚艇"海狐"号发来的信号，报告它用鱼雷对一艘日本民船发起了攻击。拉福林舰长听了大吃一惊，赶忙来到沉船现场。原本蔚蓝的海面，漂满了重油和橡胶，拉福林和其他舰员只救起了一名昏迷的幸存者。这时拉福林才知道，他攻击的并不是一艘日本军舰，而是一艘日本运输民船。在以后的很长时间里，拉福林不停地向各种人申述，在能见度那样低的情况下，他根本不知道自己攻击的是一艘运输船。

那艘沉船上的 2000 余人，只有被美国舰员救起的那一人活了下来，其余的人和货物一并同船沉没到了深海。这艘沉没的船舶名字叫做"阿波丸"号。

日本政府得知沉船消息后，向美国政府发出质问，很快"阿波丸"号身殒大海的消息，引起了世界各国的关注。

经过调查，人们给出了事情真相：在"阿波丸"号南下航行的时候，美国军队展开了北上攻势。它航行的每一天，都与美国的攻击舰队擦肩而过。由于日本和美国曾达成协议，"阿波丸"号就成了太平洋海面唯一一艘可以安全航行的日本轮船，同时它也是日本运输物资的唯一希望。

当时受日本控制的新加坡、雅加达等地，危机重重、四面楚歌，那些驻扎在东南亚的日本高官将领、富商，都想携带家眷早日离开这个是非之地。当"阿波丸"号抵达新加坡时，人们争先恐后地爬上了这艘轮船，原本设计承载236名乘客的轮船，最后竟承载了2009人。由于"阿波丸"号装载了大量弹药和军用物资，违反了他们与美国军方的协议，所以"阿波丸"号只能铤而走险，以严格的保密状态，在东南亚海域航行。当夜色降临时，人们在日本宪兵的监视下，将那些贵重的货物运到船舱里。3月28日，这艘满载着神秘货物和众多乘客的轮船，离开新加坡，返回故土。

经过4天的航行，"阿波丸"号航行到中国海域，并遭到美国潜艇"皇后鱼"号的攻击，爆炸声此起彼伏，仅3分钟，这艘日本军队的"希望之船"就沉没大海，船上的2000余人只有一人活了下来。下田勘一郎回忆说："当天晚上，三菱银行分行经理的夫人，平安生下一个女儿，大家都在为她庆生。谁也没想她竟成了'阿波丸'号最小的遇难者。"遇难当晚，"阿波丸"号沉没深海时，有不少日本人浮到了水面，当他们看到救援的是攻击"阿波丸"号的美国军人时，他们毅然拒绝了援助，宁愿与船偕亡。

在这2000余个遇难者中，有恶贯满盈的战犯，有功勋累累的高官，

20 世纪的核潜艇

还有年迈的老人、无辜的妇女和刚出生的婴儿。这是太平洋航海史中最大的海难!

美国政府将此次海难的始作俑者拉福林带上了法庭,他不断辩解说:当时海面浓雾笼罩,能见度极低,声呐显示有一艘军舰正在靠近。由于白天"海狐"号攻击了一艘敌军运输船,他以为这是日军的报复,这才对"阿波丸"号发起攻击。对于拉福林的说辞,日本政府并不买账,他们认为这是一次蓄意的攻击行为,要求美方赔偿日本的一切损失。美国政府对攻击"阿波丸"号负有责任供认不讳,对赔偿问题,则推延战后。1948 年 8 月份,日本战败,宣布无条件投降,并且放弃向美国索要"阿波丸"号的赔偿金。

至此，震惊世界一时的惨重海难，逐渐被人们淡忘。直到 1976 年，中国交通部和海军决定打捞二战时期沉没的"阿波丸"号，那场惊心动魄的海难才再次走入人们的视线。由于"阿波丸"号沉没在我国领海内，因此除中国外，任何国家和个人未经中国政府批准，都不能进入中国近海打捞沉船。

虽然如此，为了以防万一，我国政府在领海内做了完全的准备，以保证不受他国军队的袭击。1977 年 5 月初，海军 J101 号、J301 号、J503 号打捞船和交通部的 3 号打捞船来到了事发海域，一起打捞"阿波丸"号沉船。

经过数月的艰苦奋斗，打捞队在海底发现了一艘已断成两截的沉船。船身上漆着三个字"阿波丸"，这艘沉船无疑是当初沉没的"阿波丸"号。打捞队在船舱中发现了不少尸骨和个人物品，以及大量银锭、橡胶，但却没有找到任何黄金和珠宝。在 3 年多的辛苦作业中，打捞"阿波丸"号沉船的工作也接近尾声，打捞队捞起的锡锭、橡胶、水银、铌钽、云母等物资共有 5418 吨，总价值 5000 多万元人民币，但始终没有发现黄金等贵重物品。一时间，"阿波丸"号的沉没事件，再次引起各国关注。

据各方面报道，当时"阿波丸"号确实运载了大量黄金等贵重物品，但为何消失海底，人们不得而知。有人猜测说，日本军队当时采取了声东击西的战术，"阿波丸"号根本没有装载黄金；也有人猜测，日本人在"阿波丸"号驾驶室里安装了自爆装置，在"阿波丸"号遭遇鱼雷攻击，眼看大势已去，船长就按下了自爆按钮，将那些装有贵重物的箱子炸了个粉碎，断成两截的船体，就是最好的佐证。

Part 6

葡萄牙、西班牙沉船

自 20 世纪 60 年代以来，人们在欧洲、美洲、非洲海域相继发现了一系列以欧洲东印度沉船为代表的古代沉船。这些沉船中，有远航东方国家的商船，有在战乱中无辜受累的帆船，也有贪得无厌的舰船，它们携带着价值连城的奇异珍宝，沉没在各个海域。

葡萄牙商船"圣班多"号

16世纪中叶，亚欧海上贸易交往十分密切，欧洲各地商人都想远洋亚洲，奔赴中国，一是见一见文明古国的绮丽风采，二是从中国带走一些相当珍贵的物品，在欧洲市场销售，从而获得一笔巨大的财富。

早在西汉时期，中国便与欧洲国家有着海上贸易往来，不少欧洲国家喜欢远在东方的古国文化、器物，这也是中国开辟海外贸易的开端。直到16世纪，亚欧海外交易越发盛行，众多欧洲人对中国的青瓷、陶釉等器物爱不释手，漂洋过海运来的瓷器、把件儿，常常被抢购一空。因此，欧洲市场对中国瓷器的需求十分迫切，这也使很多商人不惜远洋万里，来到中国收购那些制作精美的瓷器。

1544年，"圣班多"号拉响汽笛，满载着珠宝、瓷器、铜炮等贵重物品，缓缓离开印度柯钦港，向它的故乡——葡萄牙驶去。一路上风平浪静，船员们愉快地唱着歌，幻想着这批货物带给他们的巨大财富。彼得尔船长悠闲地站在甲板上，他心情出奇得好，他强烈地感觉到，只要这批货顺利到达海岸，他将获得一笔惊人的财富，这足以让他安逸地过完下半辈子。

他一会儿站在甲板上眺望，一会儿走到船舱了查看那些精美的瓷器，在他的命令下，"圣班多"号平稳地航行在海面上。船员们在欢庆过后，也各自回到岗位上，压制住内心的喜悦，开始做自己的工作。

明代瓷盘

只有一个人还沉迷在自己的幻想之中，那就是瞭望员乔治·达席尔瓦。他呆滞地望着远处的海面，似乎在琢磨什么心事。过了一会儿，乔治索性低下头去沉思，一会儿又抬起头东张西望。就在这时，他忽然惊叫一声，大声喊道："快避让，前面有礁石！"舵手听了大吃一惊，慌忙地向转左舵，就在这时，船底传来一阵刺耳的"咯咯"声，船体剧烈地晃动。乔治惊恐地看着海面，海水底下分散着礁石。原来"圣班多"号已经驶入暗礁海域，但乔治一心只想着别的事情，根本没有注意到。当他环顾四周时，猛然看见前面的礁石，却忽视了水下的暗礁。

不一会儿，彼得尔船长怒气冲天地冲到甲板，吩咐船员采取紧急措施，立即检查船体情况。乔治自知理亏，不敢出声，只好跟大家一起检查船体。幸运的是，"圣班多"号的航速不是很快，船底只是和暗礁发生了刮蹭，没有出现裂损现象，虚惊一场。随后，在船长的勒令下，所有人都不敢有丝毫松懈，"圣班多"号重新起航了。

几日后，"圣班多"号航行至南非海域。这天，乌云密布，海风凶猛，几米高的浪头冲击着船身，发出"咚咚"的响声。船长站在甲板上，密切注视着海面上的情况。这时候，一名船员慌张地从舱底跑了上来，惊慌地说："报告船长，大事不妙，船底舱进水了！"彼得尔船长听了大惊，赶忙命人去拿排水设备，自己跑到舱底查看。

彼得尔被眼前的景象惊呆了，底舱的海水已经没过了他的小腿，他清楚地看见海水正迅速地涌进来。不一会儿，船员们拿来了抽水泵，但"圣班多"号已经开始下沉了。几十分钟后，排水没有起到丝毫作用，"圣班多"号倾斜加剧，船舱里传来"噼里啪啦"瓷器的碰撞声。又过了一会儿，"圣班多"号的艉部已经被海水淹没，商船已经到了危急关头。彼得尔船长心疼万分，为了求生，只好从船上放下两艘小木船，和船员们弃船而去。没过多久，"圣班多"号已经被海水吞没了大半，就在一瞬间，灌满海水的"圣班多"号一下子消失在人们眼前，偕同那笔巨额财富一起沉没深海。

光阴荏苒，岁月如梭，转眼间 400 多年过去了，没有人还记得沉没的"圣班多"号，更没有人记得那艘商船上曾装载着丰厚的财富。1968 年的一天，当地的潜水员无意间在水下发现了几门铜炮，人们怀疑这附近海域很可能有沉船遗址。11 年后，南非纳塔尔省博物馆组织了一支水下考古队，前赴南非海域对沉船遗址做进一步的调查。

水下考古队潜入海底，发现一艘积满淤泥的古代沉船。经过几个月的考古和发掘，考古队在船舱内发现了 18 门铜炮和许多珠宝。尤为令人注意的是，船内还有大量绘有东方色彩的瓷器，其中包括青瓷碗、盘、碟、大型瓶等物件。

相关专家对这些瓷器做了鉴别，认为这些瓷器皆出自中国明朝时期，应产自 1530—1560 年之间。根据"圣班多"号的船体设计、航行路线和遗址方位，相关专家做出了以下推测："圣班多"号是一艘航行于亚欧航路的葡萄牙商船，它在印度柯钦港装上从中国运来的瓷器等物，随后开始了它的回乡之旅。然而，这艘商船命途多舛，最终沉没在南非东部的特兰斯凯海岸。

"圣班多"号是迄今为止人们所知的南非海域最早的沉船。"圣班多"号的发现，对研究亚欧海上贸易往来有着重大的意义。水下考古队出水了大量瓷器、珠宝等物，这些珍贵的历史文物现在收藏在南非纳塔省博物馆、班德地方历史博物馆、乌姆塔塔的特兰斯凯博物馆等多个地方博物馆。

葡萄牙商船的悲惨命运

17 世纪上叶，亚欧海上贸易很是密切，作为葡萄牙的重要商船"诺沙·圣霍拉·阿塔拉亚·拜赫罗"号，远洋中国是在所不辞的。1645

年的一天，有丰富航海经验的安东尼船长率领着船员们，登上"诺沙·圣霍拉·阿塔拉亚·拜赫罗"号商船，随后他一声令下，商船发出轰轰的响声，准备向遥远的中国进发。

一路上，"诺沙·圣霍拉·阿塔拉亚·拜赫罗"号劈风斩浪，数月后就来到了中国沿海城市的港口。他们此次远航中国的任务是用白银换取大量的瓷器和绸缎。这些东方货物在欧洲市场相当受欢迎，不少富甲一方的商户和身份尊贵的王室都希望能获得一些中国的瓷器。为了让这些瓷器更具市场价值，安东尼船长又请中国的瓷器师傅，在瓷器上绘制一些富有欧洲文化特色的图案。随后，安东尼和几十个船员整日在附近的几个市场上逛，寻找能在欧洲卖出好价格的中国宝物。

春去秋来，转眼间一年过去了。安东尼船长雇佣了众多工人，把那些珍贵的瓷器用麻绳捆绑好，搬入船舱，又叫人把布匹、铅等外国罕有的物件搬运上船。安东尼船长在确定一切无误后，下令北上，返回葡萄牙。

数月后，"诺沙·圣霍拉·阿塔拉亚·拜赫罗"号航行至印度的果阿，意图从这里中转，返回欧洲。虽然"诺沙·圣霍拉·阿塔拉亚·拜赫罗"号一路上顺风顺水，但天有不测风云，就在商船来到南非东海岸东伦敦市的塞萨河口时，商船不知为何突然漏水，海水在人们毫无察觉的时候，灌满船舱，直到船体倾斜，人们才意识到这艘满载贵重货物的商船，遭受了灭顶之灾。安东尼船长见势，心知大事不好，一面派出两个名船员划着救生船到岸上请求救援，一面带领船员们作排水工作。然而数十分钟过去了，"诺沙·圣霍拉·阿塔拉亚·拜赫罗"号倾斜加剧，之前的一切努力毫无作用。

安东尼试图在破裂处钉上木板，来减小海水涌入，然而水流湍急，不等他钉上木板，整个人就被凶猛的海水冲了个跟头。无奈之下，安东尼船长只好带领船员们将一些贵重货物搬上甲板，试图拯救这些珍宝。20 分钟后，迎面驶来两艘救援船。此时"诺沙·圣霍拉·阿塔拉亚·拜赫罗"号的船尾已经被淹没了，甲板上有不少瓷器碎片，船员们将抢救出的瓷器放到甲板的角落，试图保护它们不受撞击。

救援队的赶到让众人欣喜若狂，他们抱着一些瓷器跳到小艇上，再被救援人员拉上船。几个小时后，那艘威风凛凛的"诺沙·圣霍拉·阿塔拉亚·拜赫罗"号就此沉没，海面上也恢复了平静。安东尼船长在东伦敦市稍作休整，随后又乘坐别的轮船回到了葡萄牙。他们抢救下不少瓷器，在拍卖会上获得一笔丰厚的财富，这些钱足够再建造一艘"诺沙·圣霍拉·阿塔拉亚·拜赫罗"号商船。

时隔 300 余年，1978 年南非东伦敦市博物馆在塞萨河口发现了一艘沉没已久的古老船舶，博物馆随即组织了一支水下考古队，对这艘沉船作进一步的调查。不过当时塞萨海岸风浪涌起，能见度极低，考古工作很难进行。后来在商业打捞公司的协助下，水下考古队共采集了 23 门铜炮、铁锚以及一些种子、石蜡及上等铅、瓷器等货物。

出水的铁锚

在"诺沙·圣霍拉·阿塔拉亚·拜赫罗"号沉没的同一时期，葡萄牙的另一艘商船也没能逃脱沉没的厄运。

"圣迪司摩·萨卡门多"号是一艘远航的葡萄牙商船，它与"诺沙·圣霍拉·阿塔拉亚·拜赫罗”号先后抵达中国海岸，并收购了大量的瓷器、陶器、乌木、胡椒等有经济价值的货物。在“诺沙·圣霍拉·阿塔拉亚·拜赫罗”号起航不久，“圣迪司摩·萨卡门多”号也踏上了回国的征程。

1647年，“圣迪司摩·萨卡门多”号航行至印度果阿时，得知“诺沙·圣霍拉·阿塔拉亚·拜赫罗”号前不久在伦敦塞萨河口沉没了。船长克鲁斯当即下令，所有船员必须打起十二分精神，谨慎航行。几天后，“圣迪司摩·萨卡门多”号来到南非东南的伊丽莎白港。一连两日天空阴沉沉的，克鲁斯船长站在甲板上凝视远方，心里总觉得隐隐不安。

翌日，克鲁斯船长站在甲板上，密切观察着海面上的情况。忽然一粒豆大的雨点砸在他的帽檐上，紧接着一阵飘泼大雨随之而来。克鲁斯船长下令慢速航行，以免视线不清，与船只碰撞。十几分钟后，雨越下越大，原本宁静的海面也变得凶狠起来。海面忽然刮起一阵强风，“圣迪司摩·萨卡门多”号在逆风中载沉载浮。

这时，“圣迪司摩·萨卡门多”号来到了许曼斯多普附近，海风骤然加剧，舵手卡拉吉尔极力想要稳住舵向，但在强烈的海风面前，舵已经失效。克鲁斯船长知道情势危险，命人先放下一艘救生木船，然而小船刚放入海面，就被奔腾的海浪吞没了。正当克鲁斯船长试图在小船上绑上绳索来稳住小船时，一个十几米高的海浪汹涌而来，把“圣迪司摩·萨卡门多”号高高抬起，在暴风的作用下，船只沉重地落入水中，随即消失在海面上。数十名船员和“圣迪司摩·萨卡门多”号一并被海浪卷入深海。

“圣迪司摩·萨卡门多”号沉没的消息很快传到了西班牙，人们为这个消息感到十分难过。随后，葡萄牙人决定重新建造一艘新的“圣迪司摩·萨卡门多”号，并给它配备了60门大炮。但令人遗憾的是，1668年5月份，这艘新的“圣迪司摩·萨卡门多”号航行至巴西海岸时，意外沉没深海，直到 1976 年才被巴西海军发现。

葡萄牙战舰"圣安东尼奥·唐纳"号

"圣安东尼奥·唐纳"号是一艘葡萄牙籍的舰船，它于 1681 年由印度果阿的一家造船厂建造而成。全船长 38 米、宽 8 米，身体两端较尖，中部呈圆弧形，活像一个梭子。"圣安东尼奥·唐纳"号的主要任务就是为远航印度洋、亚洲、美洲的商船护航，为了防止商船在航行中遭遇海盗、别国船舰的攻击，葡萄牙人还为"圣安东尼奥·唐纳"号装上了 42 门火炮。

"圣安东尼奥·唐纳"号舰船被葡萄牙人视为"英勇的骑士"，它曾多次肩负并出色完成了为远洋船只护航的任务，有十几年的远航经验。然而，在 1697 年，这艘被誉为"英勇的骑士"的舰船完成了自己最后的使命，为保护商船，"圣安东尼奥·唐纳"号身陷险境，最终沉没深海。

17 世纪末年，在"圣安东尼奥·唐纳"号的护卫下，"泰戈尔"号驶离葡萄牙海岸，向东方航去，它们此次的任务是横跨太平洋奔赴神秘而富庶的东方国家——中国。数月之后，"圣安东尼奥·唐纳"号和"泰戈尔"号漂洋过海，来到了中国的广东港口，两船在港口停泊后，"泰戈尔"号的船长勒泰就带着 40 余名船员，到附近的各个窑场去收购和定制货物；"圣安东尼奥·唐纳"号的舰长米歇尔则带着部分船员去采集补给品。数月后，两船整装待发，满载着中国的货物离开了广东港口，踏上了回国的征程。

一路上风和日丽、风调雨顺，大家都为这次顺利的回航感到高兴。只有舰长米歇尔时刻保持着警惕，他深知海面上随时都会发生意想不到的危险。几日后，两船航行至印度洋，海面忽然刮起了暴风，不多时，一场瓢泼大雨随之而来。米歇尔舰长命令所有船员打起精神，谨慎地航行在暴风雨中，同时他对飘摇不定的"泰戈尔"号感到担心。

泰勒船长是一位有数十年航海经验的老船长，在这样恶劣的天气下，他从容不迫地指挥着船员，命令减慢航速，密切注意海面上的情况，又命人告诉"圣安东尼奥·唐纳"号舰长米歇尔，他的情况一些都好，提醒他注意海面情况。

米歇尔和泰勒都是非常有责任心的船长，两人时刻保持警惕，小心地驾驶航船。到了第二天清晨，暴风雨已经平息，海面恢复了平静，仿佛什么也没有发生过一样。两位船长这才松了一口气，又命船员加速航行。

翌日，两船航行至非洲东海岸的肯尼亚蒙巴萨港的加宿堡垒，它们在那稍作休整，并补充一些补给。三天后，"圣安东尼奥·唐纳"号和"泰戈尔"号一前一后起航了，两船航行了 40 多分钟，泰勒船长猛然听到"砰"的一声炮火声，惊愕地发现距离自己千米远的"圣安东尼奥·唐纳"号正冒着浓烟。随即泰勒船长又听到几声炮火声，那是"圣安东尼奥·唐纳"号发射的火炮。泰勒船长心下了然，立即命人调转船头，返回救援"圣安东尼奥·唐纳"号。

此时，"圣安东尼奥·唐纳"号浓烟滚滚，船员们警惕地环视四周，看见远处一艘阿拉伯人的舰船，正冒着黑烟逃走了。这时舵手斯密特向米歇尔发来报告，说舵已经失效了，发动机也出了故障，船已经不能动了。米歇尔心下赫然，随即命船员抢救船舱的货物，又叫来技术人员去舱室检查船情。正当此时，舱底的船员冲上甲板，报告说船右舷遭受了严重的攻击，已经有海水涌入船舱。

这时候，"泰戈尔"号靠近过来，泰勒船长看见"圣安东尼奥·唐纳"号船体右舷被攻击了一个大洞，海水正迅速地涌进船舱。泰勒船长立即下令放下救生用的木船，又在"圣安东尼奥·唐纳"号上系上

葡萄牙商船

缆绳，保持它的稳定。米歇尔自知舰船不保，命令船员加速抢救货物，又命船员把船上的救生船放下海面，叫几个船员把货物搬上船，运到"泰戈尔"号上。

十几分钟后，"圣安东尼奥·唐纳"号船上传来一阵"叮当啷"的碰撞声，船体倾斜剧烈，艉部已经沉没了。米歇尔见势不好，命令船员快速搬运货物，又命一部分船员先爬上"泰戈尔"号。就在这时，米歇尔听到一声惊呼，随后发出"咚"的一声，因为船体倾斜过度，一名船员落水了。泰勒船长立即扔下一个救生圈和一条缆绳，几个船上一起用力，将落水的那名船员救了上来。此时，船已经十分倾斜，船舱里灌满了海水，虽然还有许多货物没有抢救，但为了众人的安全，米歇尔只得下达弃船的指令，和船员们纷纷跳上木船，向"泰戈尔"号划去。

由于"圣安东尼奥·唐纳"号舰船沉没了，"泰戈尔"号必须更加小心航行，为了预防再次遭遇攻击，"泰戈尔"号快速离开了这个是非之地。一个多月后，"泰戈尔"号顺利抵达葡萄牙港口，虽然这次航行损失了那艘英勇的护卫舰，不过从远东运来的瓷器等货物，依然令葡萄牙人获得了丰厚的财富。

时过境迁，20世纪70年代末，肯尼亚博物馆和美国、英国的考古人员，组织了一支水下考古队，前往肯尼亚蒙巴萨港海域，对"圣安东尼奥·唐纳"号舰船进行发掘和考古。考古人员经过不懈努力和艰苦作业，历时4年的考古工作接近尾声，人们在莫桑比克岛附近发现了"圣安东尼奥·唐纳"号舰船，并从船内打捞出了中国青花瓷盘和船员使用的牙梳、木桶、木锤、木质家具构件等用品。经相关专家辨别，这些瓷器出自中国明朝时期东南地区的窑场。"圣安东尼奥·唐纳"号沉船是人们迄今发现的第一艘17世纪的葡萄牙舰船，它的发现和打捞，对研究明清时期葡萄牙与中国在内的东方国家的经济、文化交流，都具有极其重要的意义。

西班牙"圣阿古斯汀"号沉船

"圣阿古斯汀"号是一艘由西班牙造船厂建造的"马尼拉帆船"，虽然全船仅长 24 米、宽约 7 米，载重量只有 200 吨，但它在 16 世纪时已经闻名西方航海界。不过，令人唏嘘的是，"圣阿古斯汀"号的闻名并非它卓越的成绩，而是一场惊心动魄的海难。

"圣阿古斯汀"号于 1594 年建成下水，航行于马尼拉与中国、北美西海岸之间。驾驶它的是西班牙的一位资深航海者——贝尼托·凯特，他在 22 岁时就获得了船长驾驶证，如今他已经 53 岁了。

1595 年的一天，凯特船长再次接到了远洋中国的委托，这让他觉得十分愉快，因为他不仅喜爱中国精致的瓷器，更是对如画的风景流连忘返。凯特船长发了一封招募信，他需要一些身强体壮的水手和他一起完成这次远东之旅。

第二天，凯特船长和他的老朋友——米格尔大副，一起在驾驶室里研究航行的路线。虽然这不是他们的第一次远东航行，但海面危机四伏，凯特船长非常小心、谨慎。过了几天，水手们把最后一批补给搬运到商船，凯特船长下达了起航的命令。

这次航行并非想象中那么顺利，"圣阿古斯汀"号离开码头的第 4 天，海面风浪云涌，白色的浪花拍打着帆船，凯特船长冷静指挥，命人升起满帆，稳住舵向，谨慎地在海上航行。这场凶险的风浪持续了两天，凯特船长和米格尔大副不敢有丝毫懈怠，时刻注意着海面上的情况。

数月后，"圣阿古斯汀"号行驶到南海海域，不想竟遇到少见的大暴风，海风把商船刮离了航线，这让凯特船长和水手心急如焚，却又毫无办法。两天后，"圣阿古斯汀"号终于摆脱了暴风的摧残，但却与原本的航线相隔甚远。

葡萄牙、西班牙沉船

　　由于"圣阿古斯汀"号遭受暴风的袭击，两个月后，商船才航行至中国港口。商船停泊在码头后，凯特船长让 30 名水手留下看顾商船，其余 40 人则跟他前去窑场，收购些贵重的瓷器。两个月后，"圣阿古斯汀"号满载着陶瓷器，离开了中国港口，向北驶去。

　　返航途中，凯特船长站在甲板上，他眉头紧蹙，鹰一般睿智的眼睛凝视着前方，刚毅面庞令人信服。不过，凯特船长心中却觉得有些不安，这次航行总让他觉得会有什么大事发生。这时候，米格尔大副来到船长身边，他和凯特一样，对这次返航都有着说不出的感觉。

　　两个月后，"圣阿古斯汀"号航行至美国加利福尼亚州附近。水手欢呼雀跃地哼着小调，再过不久他们就可以回到阔别已久的故乡。米格尔大副也稍稍松了口气，在前段时间里，他一直担心"圣阿古斯汀"号会遭遇海盗袭击或其他灾难，幸运的是他们平安航行到这里，不久后，他们就可以获得一笔丰厚的财富，这实在是激动人心。

　　凯特船长被船上活跃的气氛带动，心中的不安也随之消散。翌日，凯特船长下令南行，准备通过德雷克斯海湾。傍晚时分，海面狂风四起，乌云黑压压一片，海浪泛着白色的泡沫，用力拍打着甲板，"圣阿古斯汀"号在波涛中载沉载浮。凯特船长下令减速航行，又叫人收下风帆，水手们紧张地注视着海面的情况。

　　就在这时，船底传来一阵令人毛骨悚然的响声，一分钟后，舱底的水手跑了上来，一面惊慌地喊着："船底漏水了！"凯特船长和米格尔大副一下就明白了，刚才的恐怖响声是船底被暗礁割破的声音。米格尔大副立即叫了 10 名水手，带上水泵去底舱排水，米格尔刚进舱底，就被眼前的景象惊呆了。海水顺着一条 2 米多长的巨大裂缝灌了进来，水泵已经起不到丝毫作用。米格尔大副派一名水手去报告船长，自己和另外几名水手尽量排出海水，为沉船多争取些时间。

那名水手飞奔上来，正要向凯特船长报告，船体忽然一阵颤动，呈 45° 插入水中。底舱的米格尔和其余 9 名水手成了"圣阿古斯汀"号第一批遇难的人。几名水手害怕极了，为了自救，他们纷纷纵身跳入大海，然而刚冒出海面，就被汹涌扑来的浪头拍进了深海。凯特连忙和其他船员试图将船上一艘小木船放下水面，但不幸再次发生了。小木船刚被放下水面，就被海浪卷走了。

此刻，人们已经没有任何求救设施了，"圣阿古斯汀"号却开始快速下沉。不少船员心如死灰，就在上一秒他们还祈祷能遇到过往船只搭救，但当海水漫上甲板时，他们连祷告都不做了。甲板上的 63 名水手紧紧依偎在船舷边，此时船已经近乎笔直地插入水面，在怒吼的波涛中，传来阵阵啜泣。凯特船长站在桅杆前面，他一手扶着桅杆，一手高举过头，他的声音洪亮而坚定，

铁船钉沉船

他说道："我的船员们，我将与船共存亡！"凯特船长的话给水手们带来很大的鼓舞，几名水手悄悄擦去眼角的眼泪，他们的眼神里充满了骄傲。"圣阿古斯汀"号在众人最后的呐喊声中完全沉没了，海面上除了一些漂流物什么也没有留下，它带走了从远东带来的巨额财宝，也带走了凯特船长和 80 名水手的生命。

1940 年，美国加州的一名教授无意间在德雷克斯海湾发现了 74 件明朝嘉靖、万历时期的瓷器，他猜测水下很可能有艘沉船。5 年后，水下考古人员在海底发现了"圣阿古斯汀"号，并从船里出水了 700

多件精美的陶瓷器和一些铁船钉、铜制把手、船员的用具等物。"圣阿古斯汀"号的发现和发掘，对研究远东国家与西班牙的海上贸易，以及 16 世纪马尼拉帆船的泛太平洋探险性航行有着重要意义。

西班牙"阿托卡夫人"号沉船

17 世纪上叶，西班牙经济发达，兵力盛强，然而它对待殖民财富，却采取了最蛮横无理的方式。当时南美洲地区富含大量金银矿和其他稀有资源，这对西班牙人而言是一块诱人的"馅饼"，于是这些西班牙殖民者，漂洋过海来到新大陆——南美洲，并将罪恶的魔爪伸向这片资源丰富的大陆。

在南美洲沿海港口，时常可以看见挂着西班牙旗帜的船舶运送货物，这些人将从殖民地掠夺的财富纷纷运往祖国，留给南美洲人贫瘠的土地和羸弱的俘虏。在 1622 年，一艘西班牙的运金船满载着掠夺的奇珍异宝离开港口，向西班牙驶去。古人云："善有善报，恶有恶报"，这艘运金船就是因为贪婪，从而自掘坟墓，身沉大海。

8 月的这天，西班牙的一支船队停泊在南美洲海岸的码头。这是一支由 29 艘商船和 1 艘护航舰组成的船队，专门负责把南美洲抢掠的金银珠宝运回西班牙。船队中的护航舰名叫"阿托卡夫人"号，它是一艘装有 32 门火炮、载重 32 吨的优秀舰船，多次航行于西班牙、南美洲之间，从没受到海盗的袭击，因此西班牙人对这艘舰船格外重视。

这天，在殖民者的鞭打下，那些南美洲俘虏拖着孱弱的身子，将价值连城的金银珠宝搬上船队。与以往不同的是，这次的矿石和黄金，要比之前多得多。为免航行中受到海盗的袭击，众人便将一切昂贵的珍宝都搬上了"阿托卡夫人"号。船长孟加达看着一箱箱黄金、白银，心里说不出的高兴。不过当大部分黄金被搬进仓库后，孟加达建议将剩下的财物搬到其他船上。不过，人们并没有听取孟加达船长建议，大家一致认为，这些贵重的财宝由"阿托卡夫人"号运送最为安全。

两个星期后，所有的货物都装载完毕，29 艘船只依次起航，随后护卫舰"阿托卡夫人"号也踏上了回国的旅程。这支 30 艘船舰的队伍，浩浩荡荡地行驶在海面上。几天后，船队航行到哈瓦那附近。这天，"阿托卡夫人"号的瞭望员阿斯林在环视海面时，发现 12 千米外有一艘帆船正在靠近。那艘帆船的风帆上画着两把交叉的黑剑，阿斯林大声喊道："报告船长，东南方向 12 千米处，有一艘海盗船！"孟加达船长听了，命令火炮手向来船发射一发炮弹，提醒它不要靠近。果然，炮弹爆炸的几秒后，那艘海盗船好像老鼠见了猫似的，逃之夭夭了。

第二天，船队航行至哈瓦那和古巴之间海域时，海面上突然袭来飓风，前面的 24 艘帆船加速航速，冲出了飓风的围困幸免于难，然而落后的 5 艘帆船，以及被人们寄予厚望的"阿托卡夫人"号，成为了飓风的猎物。

海面航行遇飓风

当时飓风呼啸而来，各船船长早已发现了异状，纷纷下达指令加速航行，在飓风袭来之前冲出海域。前面的 24 艘帆船，犹如旗鱼般飞速冲了过去，后面的 5 艘帆船紧随其后。这时，孟加达船长意识到危机，大声喊道："快加速，全速向前！"然而，护航舰并没有像期许的那样飞速而过，它装载的货物早已超重，根本没法快速航行。只听"砰""砰"几声，风卷残云一般，将那 5 艘帆船以及笨拙的护航舰卷入深海。船员们纷纷落水，有些船员甚至压在船舱里无法逃生。

不一会儿，这几艘遇难船就沉没大海，其他船上的水手见了，立即跳下大海，试图抢救那些财宝。水手们潜入海面，丝毫不见沉船的踪影，几个水性非常好的水手，决定深潜下去，看看沉船究竟在何处。几分钟后，这几个水手浮出水面，他们在水下的 17 米处发现了沉船的残骸和一些散落的财宝。

船员们听了决定打捞金条，他们开船来到沉船的上方，二十几名水手纷纷跳入水中，准备在水下协助打捞工作。船上的人撒下网，水下的几个水手一人抓了一头，潜下水去，网上大量金条，随即浮出水面。船上的人见了，便合力拉起渔网，几分钟后人们再透过水面，看见那些闪闪发光的黄金。正当众人要将这些金条打捞出水时，又一场更具威力的飓风袭来，帆船被狂风击成了碎片，水下的船员们无一逃生。另外 23 艘帆船为求自保，只好快速离开了这个是非之地。

事隔经年，一个名叫梅尔·费雪的美国男子，再次揭开了这件沉船事故的帷幕。20 世纪 50 年代，梅尔·费雪成立了一个名叫"拯救财宝"的公司，专门在南加州一带的海域寻找西班牙沉船。20 年的打捞生涯里，梅尔·费雪先后打捞起 6 条赫赫有名的西班牙沉船，成为打捞界中有头有脸的人物，同时也获得了丰厚的财富。

岁月流逝如白驹过隙，转眼梅尔·费雪已经到了退休的年纪，不过他不愿意离开打捞船，因为他曾经发誓一定要找到传说有着最多宝藏的沉船——"阿托卡夫人"号。梅尔·费雪为了这个理想，放弃了运营正常的公司，他的妻子和儿女也和他一起下水，在海底寻找那艘载满宝藏的船。

30 年后，功夫不负有心人，1985 年 7 月 20 日，费雪和家人找到了"阿托卡夫人"号和船内数以吨计的黄金。不过这种喜悦已经被 30 年的艰难磨得平淡。费雪认为上帝一定会让他找到"阿托卡夫人"号，只不过一直在考验他的耐心而已。

这艘蕴藏巨大宝藏的"阿托卡夫人"号，装载了 40 吨财宝，其中黄金就有将近 8 吨，宝石也有 500 公斤，所有财宝的价值超过 4 亿美金。而费雪寻找"阿托卡夫人"号的故事，在美国也成为一段佳话。

西班牙"圣玛格丽塔"号沉船

16 世纪下叶，西班牙帝国和英格兰王国之间爆发了一场旷日持久的战争。在这次战争中，无数船舶、舰队身沉大海，其中包括远洋归来的商船——"圣玛格丽塔"号。

当时英格兰王国改朝换代，伊丽莎白一世授命担任英格兰女皇。伊丽莎白一世上位后，不仅扶持新教在荷兰的势力，更是暗中支持英国子民使用武器，攻击西班牙的过往船只（西班牙人视其为海盗），这使西班牙王室的收入受到了威胁，因此西班牙对英格兰日趋憎恶。

1568 年 9 月，西班牙对英格兰的一支押送奴役的船队发起了攻击，造成数艘船只沉没大海，这使英格兰怀恨在心，翌年英格兰扣押了西班牙派遣至荷兰的货船，并垄断了西班牙在大西洋的贸易市场，这一举动使西班牙恼羞成怒，继而一场旷日持久的战争拉开了帷幕。

1585 年，西班牙、英格兰爆发了一场蓄谋已久的大战，两国如水火难容，一连 3 年兵戎相见。1588 年 5 月，西班牙军队派出 130 余艘战舰和 3 万余名海军前往英吉利海峡袭击英格兰军队。然而，由于西班牙军队的总指挥缺乏海战经验，这支"无敌舰队"也只得且战且退。英格兰海军一面骚扰西班牙舰队，一面消耗西班牙舰队的弹药。

7 月 28 日傍晚，英格兰海军将领想到了一个击败西班牙海军的绝妙点子。到了半夜，英格兰舰船悄无声息地航行到敦刻尔克，向毫无防备的"无敌舰队"发起了偷袭。敌人出其不意且来势凶猛，西班牙舰队不由大乱，毫无章法地与敌人交战，被打得大败，狼狈逃窜。英国舰队见势自知是大好时机，立即下令全速追击。

第二天上午 9 点钟左右，西班牙舰队逃至爱尔兰海域，但英格兰舰队穷追不舍，无奈之下，乱作一团的西班牙舰队只好与英舰交火。英格兰舰队有条不紊地以纵队靠近"无敌舰队"，"无敌舰队"也向英舰发射火炮攻击。顿时，硝烟四起、火光冲天，爆炸声、轰鸣声、惨叫声不绝于耳。海面上不少舰船冒着滚滚浓烟，随即缓缓沉没深海。

这时，一艘跋山涉水、远航万里的西班牙商船，航行至爱尔兰海域。这是一艘从远东返航的"马尼拉帆船"，名叫"特里尼达·巴伦西亚"号。就在数月前，它满载着瓷器、丝绸等货物，离开中国海口驶入太平洋，又从菲律宾抵达阿卡普尔科，再通过大西洋返回欧洲。一路上"特里尼达·巴伦西亚"号受尽狂风暴雨的摧残，就连艉部桅杆都摇摇欲坠，它千辛万苦航行到这里，船员们都以为再坚持些日子，就能踏上故乡的土地，却不想身涉险地，身殒大海。

7 月 29 日清晨，"特里尼达·巴伦西亚"号在爱尔兰海域航行。这天阳光明媚、风和日丽，所有船员的心情正如这晴朗的天气一样，大家都期待着早日回到家乡。8 点多钟，布莱克船长忽然听到一阵轰鸣声，随即又传来几声"轰轰"的响声。为防万一，布莱克船长提醒船员们打起精神，密切关注海面上的一切情况。

20分钟后，船员小布莱尼惊恐地发现，海面上冲来一群舰船。布莱克船长瞬间明白了，他刚才听到的响声正是这些战舰航行的声音。"快转舵！离开这里！"布莱克船长懊恼地看着远处乌压压的舰队，此时他多么希望上帝能把"特里尼达·巴伦西亚"号带离这片海域。舵手立即转了舵向，船员们惊慌失措地张望着海面，他们在心里默默祷告，希望能够躲过这场灾难。

就在"特里尼达·巴伦西亚"号掉转船头航行了十几分钟后，远处传来"砰砰"的火炮声，每一声都像一把铁做的榔头，重重砸在船员们心脏上。不远处的海面浓烟滚滚，蔚蓝的天空在火光的映照下变得发红，船员们做梦也没想到会来到战场，每个人都倒吸了一口凉气，除了祈祷再无其他法子。

就在这时，在离"特里尼达·巴伦西亚"号1000米处突然砸下一颗炮弹，激起数十米高的浪花，海面犹如烧开的沸水，咕咕地翻腾着。船员们抱紧一团恐惧极了，没有人敢睁开眼睛看看四周的情况。正在惶恐之际，又一颗炮弹在海水中炸裂了。"特里尼达·巴伦西亚"号在汹涌的波涛中载沉载浮。

几分钟后，海面忽然平静了下来。船员们吓得瑟瑟发抖，缓缓睁开眼睛，环顾海面的情况，正当所有人以为逃过了一劫时，只有布莱克船长绝望地摇了摇头。他深知但凡海上有风暴来临前，海面总是格外平静。30秒后，十几颗炮弹一起射出，散落海面四处，在十几次连续爆炸后，海水一片鲜红，船员们还没来得反应，就被这场战争夺去了生命。

时光荏苒，历史铭记了那场血雨腥风，但对那艘沉没的商船以及数十条人命，却早已忘怀。直到1971年，有渔夫在该海域打鱼时，

葡萄牙、西班牙沉船

欧洲海盗船

竟然打捞出了绘有中国纹饰的瓷器碎片。随后当地博物馆组织了一支水下考古队对该海域进行调查。

不久后，人们在海底发现了一艘残破不堪的葡萄牙沉船。虽然船的上体结构已经腐蚀无存，但船舱内部并没有受到严重损坏。考古人员在沉船附近发现了一件瓷器，经过鉴别得知这是属于中国明朝时期民窑出产的瓷器。"特里尼达·巴伦西亚"号沉船的发现，为探究早期亚欧航路上西班牙船队的活动提供了更丰富的资料。

荷兰东印度公司沉船

荷兰是继葡萄牙、西班牙后，一度以"海上马车夫"著称的亚欧航海国家。除了在南海海域有几处荷兰东印度公司沉船遗址外，在印度洋和大西洋也接连发现荷兰东印度公司沉船，并在船舱内发现中国瓷器等货物，为研究荷兰船舶远航历史提供了更丰富的资料。

"阿姆斯特丹"号沉船

1749 年 1 月初，风和日丽、明媚晴朗，"阿姆斯特丹"号在人们的欢呼声中，缓缓离开了码头，它将要漂洋过海前往远东国家，用本国的布匹、酒、银子等物，换取远东国家的瓷器、茶叶、香料和丝绸。

"阿姆斯特丹"号是荷兰东印度公司的一艘商船，此次远东之旅是它的首次航行，它在万众瞩目的期待下，装载着大量的货物向东方航去。然而，出师未捷身先死，"阿姆斯特丹"号并没有得到上天的庇佑，在危机四伏的海面上，它遭遇了惨绝人寰的摧残。

阿姆斯船长是一个拥有 30 余年航海经验的老船长，在他的带领下，水手们井然有序地做着各自的工作。几天后，"阿姆斯特丹"号顺利通过西弗里西亚群岛，向北海驶去。这天上午，一个名叫亚赛的水手慌慌张张地从舱室跑了出来，他惊恐地高呼道："亚里瑟不行了，他一直口吐白沫！"

阿姆斯船长正在操作室里研究航海路线，忽然听到甲板上有人大呼小叫，心里十分不快，他放下手头的工作来到甲板上，听亚赛惊慌地讲述了刚才的事情。原来亚里瑟在 3 天前发烧了，当时他并没有在意，以为休息一下就好了。但是亚里瑟不仅高烧不退，情况反而越糟，第二天他在睡梦里呓语不断，今天上午突然口吐白沫。阿姆斯船长听了，立即去舱室查看，看见亚里瑟瑟缩在床角，不停地抽搐。

这次远航并没有随船医生，只带着一些药品。阿姆斯船长命人去仓库找来退烧药给亚里瑟服下，说："亚赛，这几天你就在这照顾他，直到他病情好转。"亚赛心中有苦难言，他与亚里瑟情同手足，但他病成这个样子，也让亚赛惶恐不安。

翌日，隔壁舱室的水手托马斯跑来报告，亚里瑟病死了，而亚赛和另外 5 名船员都发生了高热不退的症状。阿姆斯听了大吃一惊，立即叫人去把退烧药发给众人，预防有人患病。几天后，亚赛 6 人的病情反反复复，身体已经虚弱得不成样子。几个同僚见他们病重，自告奋勇向阿姆斯船长提出照顾他们的请求。

1 月中旬，"阿姆斯特丹"号航行到英格兰海域。这天海面突然刮起风暴，电闪雷鸣，一场暴雨紧随其后。阿姆斯船长一面命眺望员密切关注海面情况，一面叫舵手掌握好航向，船如一片渺小的树叶，在汹涌的风浪中跌宕起伏。

木船在海面摇摇晃晃，不少水手经不住船的晃动，吐得天昏地暗。一直在重病的亚赛几人更是不堪重负，吐得舱室里、床单上都是散发恶臭的污秽物。这场暴雨持续了两天，1 月 17 号傍晚，托马斯带来了

风景如画的阿姆斯特丹港

一个惊人的消息。一连六十几名船员，都患上了亚赛等人的病症，更令人惶恐不安的是，亚赛6人已经死了。

大家猛然意识到，这并不是一次普通的发烧，而是会传染的瘟疫。一时间水手们人人自危，唯恐沾染上这种要命的疾病。这天晚上注定是个不眠之夜，凌晨3点钟左右，甲板上传来慌乱的脚步声。当时阿姆斯船长已经睡下，嘈杂的叫喊声把他从睡梦里惊醒。当他走上甲板，被眼前的景象惊呆了。三十几名水手横七竖八地躺在甲板上，有些人已经没了呼吸，有些人发出微弱的呻吟声。

"阿姆斯船长，我们要怎么办？要这样下去，我们都会死的！"托马斯已经快崩溃了，他两只手乱挥，揪着自己的头发，一脸痛苦的表情。阿姆斯船长十分冷静，他想了想众人的处境，最后决定将这些病重和死亡的水手都扔下海去，以防传染更多的人。托马斯心下愕然，他惊恐地望着阿姆斯船长，张大的嘴巴半天也没合上，一会儿他又懊恼地用拳头捶打自己，和几名水手将甲板上的人扔下海去。这时甲板上还剩下最后一个病重的水手，托马斯和另外两人将他从甲板上拖了起来，准备把他抛下大海。就在这时，那个人拼劲力气，抓住托马斯的手臂，他反复说着："我不想死，我不想死！"托马斯早已泪流满面，但他还是挣脱了手臂，海面上传来"咚"的一声闷响。

当天晚上，托马斯筋疲力尽，他爬上自己的床位，很快就睡着了。睡梦里，他梦见那些被他抛下海的同僚，举着锋利的尖刀，一步步朝他走来，他拼命地往后跑，直到被众人逼到墙角。那个最后被他扔下海去的水手，摇摇晃晃地从人群里钻了出来，他面目狰狞，一会儿说，"我不想死，我不想死"，一会儿又说，"你要下地狱，下地狱！"

托马斯在噩梦中猛然惊醒，吓出了一身冷汗。他想下床找点水喝却浑身乏力，刚踩在地板上，整个人就"砰"的一声倒了下去。同室的水手听见声响，慌忙把他扶起来，托马斯在迷糊中听到他惊恐地喊叫："我的上帝啊，托马斯发高热了！"托马斯脑海里闪过一个念头，随即不省人事了。他心想："我要完了！"

短短两天，"阿姆斯特丹"号上又死了十几人，还有40人出现了高烧症状。水手们恐慌极了，他们都害怕自己会成为下一个被扔下大海的人。1月27日清晨，100多名水手齐聚在甲板上，他们有的人手里拿着木棍，有人拿着铁铲，高声呵斥阿姆斯船长的行为，又大声叫嚷着。

阿姆斯船长闻声，从操作室走出来，刚上甲板就被几名水手按住了肩膀。众人围成一圈把阿姆斯船长困在里面，威胁并要求他尽快靠岸。这时"阿姆斯特丹"号已经航行到英格兰的黑斯廷斯。在水手们的恐吓、威胁下，阿姆斯船长只好答应他们的要求。就在"阿姆斯特丹"号准备驶向最近的码头时，海面忽然刮起了风暴，让人们迷失了方向。水手们更加急躁，要求阿姆斯船长尽快将船靠岸。

就在这时，船底传来一阵毛骨悚然的声响，"阿姆斯特丹"号撞上海底的软土层，灾难如期而至。仅一会儿工夫，船体沉没深海。因为"阿姆斯特丹"号下沉的速度太快，人们除了抢救出一些银子外，其余的东西都和商船一起沉没了。

"毛里求斯"号沉船

自荷兰东印度公司成立以来，它曾先后建造、收购了数十艘远航船只，其中"毛里求斯"号帆船就是东印度公司最古老的商船之一。1601年，"毛里求斯"号帆船成功下水，开始它的第一次远航旅程。随后几年，"毛里求斯"号先后数次起航，出色完成了远东贸易任务。

1606年的这天，"毛里求斯"号像往常一样停泊在港口。贝斯特船长和几名船员正在检修船体，过了一会儿，船员格拉德报告说："报告船长，船体一切正常，没有异常情况。"贝斯特船长一声令下，80名船员井然有序地登上商船，来到自己的岗位。下午两点钟，"毛里求斯"号升起风帆，向马六甲海峡驶去。

"毛里求斯"号是一艘大型帆船，全船长45米、宽19米，船首尾两端接近方形，船身中部呈弧形，就像一个被剖开的圆桶。它这次远航的目的是，前往马六甲海峡的宾坦岛，到那里中转从远东国家运来的贵重器物。

1605年，"华顿"号商船装载着中国大量瓷器，离开广东港口直奔泰国。一个多月后，"华顿"号顺利抵达泰国港口，并在那收购了大量银锭、胡椒和一些陶瓷器，随后"华顿"号起航回国，途中偶然遇到一艘葡萄牙商船。那艘商船水手寥寥数个，却装运了不少银子。"华顿"号船长弥勒认为这是个绝佳的发财机会，于是他命令船员调转航向，拦截住葡萄牙商船。葡萄牙人受围困好一阵子，对方人强马壮，他们也不敢硬拼，只好乖乖交出银子，这才摆脱困境。"华顿"号劫了银子，便调转船头，向马六甲海峡驶去。经过数月航行，终于在1606年2月份，抵达宾坦岛。

在得知"华顿"号顺利归港后，"毛里求斯"号也踏上征程，一路劈波斩浪、历尽千辛，终于驶达宾坦岛港口。码头上聚集着许多工人，他们满头是汗，小心翼翼地抬着数十斤的木箱，搬上"毛里求斯"号的仓库。这些木箱里有稀罕的金银珠宝、有漂洋过海运来的香料、有价值不菲的瓷器，还有大量银锭。"毛里求斯"号此行的目的就是把这些货物运回荷兰。

1606年10月初，"毛里求斯"号满载着货物，准备回航。在贝斯特船长的号令下，商船缓缓升起船帆，朝西南方向驶去。1607年3月，"毛里求斯"号航行至非洲西部，一连几天，天空灰蒙蒙的，见不着太阳。这天上午，海风肆无忌惮地刮着，帆船在涌浪中载沉载浮，贝

遇难的商船

斯特船长下令水手下风帆，减速航行。

傍晚时分，海面忽然大雾溟蒙，白茫茫一片，伸手不见五指。贝斯特船长下令，所有人密切关注海面情况。十几分钟后大雾开始慢慢消散，但能见度依然很低。伴随着一阵刺耳的撞击声，底舱传来船员的呼喊："触礁了，船舱漏水了！"不等贝斯特船长下令排水，"毛里求斯"号就严重倾斜，很快尾部就沉入水中。

汤姆是"毛里求斯"号上年纪最小的船员，这年只有18岁，这是他第一次出海，也是最后一次。随着"咚"的一声，"毛里求斯"号从海面上消失了。基尔克和几个水性极好的船员，在船沉没的一瞬间，纵身跃入海中逃过了一劫，但是好运并没有伴随他们。

基尔克、帕萨特、布鲁斯和卡查尔在海中挣扎几下浮出水面，冰冷刺骨的海水冻得他们瑟瑟发抖。基尔克提议，大家先游到暗礁那儿去。四人奋力挥舞着手臂，艰难地朝暗礁游去。几分钟后，四人冻得脸色发青，嘴唇发紫，连一句完整的话也说不出来。他们站在暗礁上，大腿以下都被海水淹没了。

四人抱作一团祈祷能有过往船只救助他们，显然他们并没得到上帝的保佑。半个小时过去了，没有一艘船来到这里。几分钟后，一个令人毛骨悚然的消息，萦绕在每个人的心头。就在上一秒，卡查尔突然栽入水中，三人费尽力气把他从水中捞上来时，发现卡查尔已经没有了呼吸。同伴的死亡给另外三人带来了极大的恐惧，那冰冷的海水犹如一个食人的恶魔，令他们感到惊恐、畏惧。

基尔克思来想去，决定放手一搏，他跳入海中，从海面上捞起几块漂浮的木板，和另外两人扶着木板，朝海岸游去。十几分钟后，帕萨特有些体力不支，基尔克和布鲁斯把他的两只手分别搭在他们的肩上，拼命向前游去。帕萨特自知拖累了他们两人，提出让他们放弃自己的要求，但遭到了两人的拒绝。

十几分钟后，基尔克和布鲁斯也感到疲累，他们的脸已经冻成绛紫色。基尔克一边摇头，一边叹气，他多希望此刻能出现奇迹。就在他决定放弃挣扎时，布鲁斯大叫起来，他指着远处的一个影子，兴奋地大喊道："那是船！基尔克，我们要得救了！"三个人看见来船惊喜万分，一面向船只游去，一面大声呼喊。显然那艘船看见了他们，正快速地驶向他们。

几分钟后，基尔克、布鲁斯和帕萨特获救了。那是一艘荷兰籍的运煤船，他们也要回荷兰去。船员们给基尔克三人提供了衣服、食物和一些御寒的药，并同意让他们同行。基尔克把"毛里求斯"号的遭遇告诉了大家，船员们感到很遗憾，并给那些遇难的人举行了一个简单的祭礼。

5 个月后，运煤船顺利回到荷兰的阿姆斯特丹码头，基尔克、布鲁斯、帕萨塔在和众人道别后回到了公司，并把路上的遭遇做了报告。荷兰东印度公司曾派船只打捞"毛里求斯"号，但是海面上一连几天大雾弥漫，迫于无奈打捞队只好返航，舍弃"毛里求斯"号。直至数百年之后，人们才将这艘沉睡已久的船舶打捞出水。

葬身大海的荷兰船

1610 年，荷兰东印度公司花费重金，建造了一艘三桅大帆船，将它命名为"威特·利沃"号。该船全长 49 米，载重量 700 吨，面积超过 800 平方米。为防止海盗来侵，人们还在船体前端安置了 12 门铁炮和 3 门铜炮。然而，这艘被人们寄予厚望的帆船，却辜负了众人的期待，在航行的第二年，就遭受葡萄牙军船的攻击，随后沉没深海。

1612 年 12 月份，"威特·利沃"号满载中国瓷器和奇珍异宝，离开印尼爪哇取道印度洋回国，与它同行的还有另外三艘荷兰商船和两艘英国商船。

这一行船队乘风破浪、历经艰难，经过 5 个月的航行，终于来到了大西洋中部的英属圣赫勒拿岛湾海域。当时一支葡萄牙武装军队正在附近海面巡航，当他们航行到圣赫勒拿岛湾附近时，葡萄牙海军瞧见正在海面航行的荷兰船队。葡萄牙海军将领一眼就瞧出，这支船队是远航归来，猜测船上肯定运了不少稀世珍宝，于是下令叫各军船堵截住他们的去路。

"威特·利沃"号一行船被突如其来的围攻吓破了胆，瞧见是葡萄牙的军船，心里更是紧张，深恐遭受他们的攻击。"威特·利沃"号的船长皮特冷静下来，他见是军官，立即叫船员搬出 5 箱银子，希望他们能够放行。葡萄牙海军将领心中暗喜，但觉得 5 箱银两太少，又强要了 5 箱银子，才放了他们。

皮特船长舒了一口气，暗暗庆幸摆脱了这些"强盗"。就在他们起航不久，一颗炮弹划过天际，落在海面上引起轩然大波。一瞬间，海面波涛四起、骇浪滔天，大海吞没了一切。"威特·利沃"号一行船队，顷刻之间化为乌有，消失在汪洋大海上。

原来远去的葡萄牙海军在放走"威特·利沃"号后，感到十分懊悔，于是朝着它们航行的方向投射了一颗炸弹。随后，大摇大摆地离开了。

光阴荏苒，岁月如梭。最先发现"威特·利沃"号沉船的是英国一家私人机构，经过长时间的调查后，打捞队在杰姆斯敦湾的海底333米处，发现了"威特·利沃"号沉船，并从中打捞出大量的中国船货。随后，这家私人机构把那些瓷器带到伦敦和阿姆斯特丹拍卖，获得了一笔不菲的财富。在那场拍卖会中，荷兰莱克斯博物馆购得部分瓷器，并准备研究、打捞其余未出水的瓷器。

不久后，莱克斯博物馆组织了一支水下考古队，考古人员在"威特·利沃"号船舱内发现大量绘有花卉、虫鸟、游鱼、龙凤、飞禽走兽、溪流亭榭、人物形象等青花瓷器，以及"福""寿""富贵""大名嘉靖年制"文字款的陶瓷器皿，还有许多具有"克拉克瓷"特征的青花瓷。其中大多瓷器出自江西景德镇，也有部分出自中南、东南沿海仿制景德镇的瓷器。通过瓷器上面的文款，这无疑是中国明朝时期的瓷器。

明朝青花瓷碗

18 世纪 60 年代，荷兰东印度公司建造了一艘名为"奈约伦"号的木质帆船。这艘船的两端较窄且圆，中间部分也呈弧形。尤为值得一提的是，该船配置内、外两重龙骨，三重船壳板，这也证明"奈约伦"

号更加结实、坚固。自 1765 年以来，它曾 5 次航行远东，并抵达过中国港口，被荷兰人视为航船中的骄傲。

1775 年 3 月，荷兰阿姆斯特丹码头人群拥挤，许多"奈约伦"号船员的家属，都挤到码头边和自己的亲人告别。这次"奈约伦"号要执行远东任务，此次分别不知又是几年。在人群里，一个漂亮的女人正焦急地在船上搜寻着她的丈夫，她就是"奈约伦"号船长马可的妻子。他们才结婚不久，还有一个未满周岁的儿子。

甲板上的马可船长一眼就看到了他心爱的妻子，他笔挺地站着，伸出一只手臂，朝他的爱人挥了挥手。那个女人一面擦拭眼泪，一面高高举起胳膊用力地挥着，直到那艘大帆船变得像豆子大小。码头上的人群还没有散去，他们望着"奈约伦"号远去的方向，期盼亲人能够早日归来。然而，谁也没有想到，这次分别竟成了他们的永别。

海面上风平浪静，在夕阳的映照下，粼粼水波闪着金色的光芒。"奈约伦"号已经出航 4 个月了，好在这一路有惊无险，再过两个月，他们就可以抵达目的地了。夕阳的余晖一点点被汪洋吞没，直至陷入一片漆黑。马可船长环视着海面，又看了看漆黑的天空，多年来的航海经验告诉他，一场暴雨即将来临。

他叫来几个眺望员，吩咐他们时刻注意海面情况，又叫来几个船员，让他们放下风帆减速航行。几分钟后，一道白光划过天际，犹如银河从天而降；轰轰隆隆，一阵惊天撼地的雷声响彻耳边；骤雨如疾驰的利箭般，狂猛暴戾地射向每一个角落。"奈约伦"号在风浪的助推下跌宕起伏、飘摇不定，不时有数米高海浪，将帆船涌上高处，又陷入底海。

海浪拍打着浪花冲上甲板，不一会儿，在骤雨、海浪的袭击下，甲板已经湿淋淋一片，几名船员不断把流进舱门的水擦干。这天晚上人们彻夜难眠，唯恐凶猛的恶浪将船只掀翻。翌日，太阳从云层中露出脸来，大海也恢复了往日的宁静。马可船长命一部分船员先去休息，傍晚再与其他船员换班。

4月25日清晨，眺望员小查理远远地望见了东印度公司总部——巴达维亚，兴奋地说道："我们就要靠岸了！"下午3点钟，"奈约伦"号抵达巴达维亚海岸，随后船员们上岸休整。直到1776年3月初，当最后一批货物搬上船后，"奈约伦"号也升起了风帆，向南非海域驶去。

然而这次航行却是一次不归之旅，当"奈约伦"号途经南非开普敦海域时，不幸遇到强风，风暴掀起十几米高的海浪，冲击着毫无抵抗力的"奈约伦"号。随着一声巨响，"奈约伦"号的桅杆被拦腰折断，一个十几米高的浪头迎面扑来，奔腾的海浪卷走了船上的一切，几秒钟后，"奈约伦"号连同船上的货物和船员，一并消失在桌湾海岸。

因触礁沉没的商船

1629年，"巴达维亚"号载着300余人和大量银币、银器、瓷器以及砖块等物，离开德国码头，向荷兰的巴达维亚市驶去。"巴达维亚"号一路劈波斩浪，两个月后来到澳洲海域。这天海面上浓雾四起，船长弗兰西斯科·费萨尔特勒令船员们密切注视海上的一切情况。

黄昏，弗兰西斯科·费萨尔特船长叫大副代他值班，自个儿回到舱室里休息了。西科特大副已经连续值班两天了，这让他感到十分疲倦。他巡视了一圈，又看了看船员，瞧见每个人都在紧张地工作着。于是，他坐在椅子上，合着眼，打了个盹儿。

这时候海面的雾越来越浓，眼前白茫茫一片，几乎什么都看不见。

舵手不敢有丝毫懈怠，瞭望员也一直监视着海面。就在此时，瞭望员发现不远处有块黑点，于是他向大副报告说："报道大副，前方400米处，疑似有礁石！"听筒里没有任何回应，瞭望员只好又重复一遍，但仍然没人应答。几分钟后，瞭望员清楚地看见，就在200米不到的地方，有一块巨大的礁石。他连忙跑下瞭望台，大声冲操作室喊道："前面有块礁石，我们就要和礁石相撞了！"

大副听到了吵闹声，睁开迷迷糊糊的眼睛。舵手听见眺望员的话，立即转了舵向，船头与那块礁石擦身而过。正当他松了口气时，只听见船尾处传来一阵刺耳的撞击声。船体猛烈地摇晃，惊醒了熟睡的船长和迷糊的大副。

两分钟后，弗兰西斯科船长怒气冲冲地跑上甲板，询问大副发生了什么事情。西科特大副压根儿没有听到船员的报告，只能默不作声。就在这时一个船员来报，说船尾处与礁石发生了严重的碰撞，船尾处已经断开一个几米长的大裂缝。不等他说话，船体一阵晃动，艉部竟然已经开始下沉。

弗兰西斯科船长立即命船员去叫醒熟睡的乘客，又叫人找来软梯系在船舷上，以便一会儿逃生。不少乘客和休息的船员感到船体颤动，已经跑到了甲板上。弗兰西斯科船长见海水中有块巨大的礁石，于是就命人们弃船逃生，先到那块礁石上避难。不一会儿，所有的船员和乘客都聚在甲板上，在船员们的帮助下，乘客们都站到了礁石上。此时，"巴达维亚"号灌入的海水越来越多，船体已经严重倾斜，随时都有沉没的可能。

弗兰西斯科船长又叫人找来些绳索系在船舷上，做一个简易的逃生绳，十几分钟后所有人安全来到礁石上，没过多久"巴达维亚"号就沉没了。这时候，弗兰西斯科船长说："'巴达维亚'号沉没，我们必须自救。水性好的水手、乘客和我一起游过去，我们去找船来救你们！"大家认为弗兰西斯科船长的话在理，于是47个船员和乘客站了出来，他们愿意跟随弗兰西斯科船长一起冒险自救。

这里距离海岸少说也有2000多米，众人拼尽力气也游不到海岸，所有人都筋疲力尽，甚至打算就这样一死了之。这时海面上漂来几只渔船，众人如同看到希望之火，拼尽力气游到他们身边，得到了他们的救助。然而在礁石上等待救援的其余268人，早已被弗兰西斯科船长抛在了脑后，他们就这样被遗弃在两个没有淡水的荒礁上。

海面航行的军舰

同样的悲剧还发生在苏格兰海域。"鹰"号是一艘中型商船，它全长44米、宽11米，载重量700吨，为防遭遇海盗和别国军舰的拦截，还配备36门铜、铁炮和8门轻枪。1722年荷兰造船厂完成了它的试水工作，随后"鹰"号开始了它的首次远航——欧亚航路，它曾两次远航远东国家，带回大笔财富。1728年，"鹰"号接到了第3次远航远东的任务，然而，这次航行给它带来的不是财富，而是地狱的深渊。

1728年3月21日，船员和工人们把最后一箱货物搬进船舱，船长安吉利下达起航的指令，在人们的注视下，"鹰"号缓缓离开巴达维亚港口，向远东航行。安吉利船长正在看航路图，他考虑再三决定绕道从英岛北部海域航行。那里海域广阔，少有风浪，由于海底分散暗礁，海盗和军舰也很少往来。

一路风平浪静，两周后"鹰"号来到英岛北部的英格兰海域。这一带海域多有礁石，安吉利船长命所有船员都要格外注意和谨慎。这天傍晚"鹰"号行驶到英格兰西北外赫布里底群岛附近，大副大卫正在操作室里值班，他正低头看着报纸，时不时抬起头看看海面情况。大卫是一个聪敏、机智的年轻人，他从小就在船上长大，水性极好。不过他性格傲慢，少与人亲近，这让他的口碑很不好。

晚上11点钟，大卫有些困倦，他走出操作室，在甲板上踱来踱去，一边琢磨着自己的前途，一边注视着海面。远处海面有一个黑色的小影，和漆黑的夜连成一片。瞭望员最先发现了那个黑影，他以为船已经驶过了礁石群，就没有向大副报告。几分钟后，大卫回到操作室，他心想着如果有什么异常情况，船员会来报告的，于是他放松警惕，坐在椅上休息去了。

十几分钟后，"鹰"号突然发生一阵剧烈地晃动，大卫瞬间从椅子上跳了起来，一种不好的感觉蔓延全身。随即传来船员惊恐地喊叫声："不好了，船舱进水了！"大卫立即跑到舱底查看，还没跑到底舱，就被涌进船内的海水推了出来。底舱的十几名船员成了第一批遇难者。就在这时，船体突然猛地一沉，大卫一个重心不稳栽入水中，正当他想浮上来时，船又发生了一阵晃动，舱室的门子被海水冲开，不少货物、箱子倒压过来，将船舱的船员包括大卫困在水中。

只是十几秒的工夫，"鹰"号的大半就都被海水淹没了，只露出一个船头。船还在沉没，一分钟后，"鹰"号已经完全消失，所有船货和17箱准备运往远东购买茶叶和瓷器的银锭、银币全部沉入9米深的海底，船员无一幸免。"鹰"号遇难的消息很快传到了英格兰，随即英格兰爱丁堡大法官亚历山大·玛肯几组织人员对沉船进行了打捞，几乎所有的船货都被打捞出水运抵爱丁堡。

"密里墩"号沉船

"密里墩"号是一艘载重826吨的荷兰东印度公司运输船。1702年的一天，"密里墩"号离开荷兰码头，朝东印度方向驶去。几个月后，"密里墩"号航行至南非开普敦沙墩哈湾的久登岛海域时，悲剧发生——"密里墩"号触礁沉没了。

当天傍晚，"密里墩"号在惊涛骇浪中平稳航行，但40岁的肯德尔船长仍有些不安，因为他深知，这片海域埋藏着重重杀机。这里不仅航道较狭，而且风大浪大，稍有不慎，商船就会触礁搁浅。肯德尔船长一面目视前方，一面思索着，他透过玻璃窗环顾茫茫夜海，望着深邃幽寂的大海，倏地打起了冷战。

长夜逝去，晨光熹微，"密里墩"号全速在海面上航行，由于昨天刮了一夜海风，"密里墩"号的航线偏离了原本航道。清早，肯德尔船长觉得"密里墩"号的航线有些偏南，在拿罗盘测量过后，重新拟定航行路线。就在这时，舵手巴尔达突然惊慌地喊道："报告船长，舵失效了！"由于舵向失灵，"密里墩"号如同水面上的落叶，只能随风漂荡……

上午 9 点钟，肯德尔船长果断下令停船，命船员抢修手舵。众人忙得不可开交，却忘了最稳当的措施——抛锚。于是，"密里墩"号如同浮萍般随波逐流，向东南方漂去，最后漂到了久登岛海域。这里暗礁四伏，历年来有数不清的船只在这里触礁沉没。

搁浅的商船

半个小时过去了，肯德尔船长见手舵还没修好，就命人准备救援措施。肯德尔叫来几个身强体壮的船员，命令他们划着救生艇到岛上去寻求救援。以贝德为首的 4 名船员，在接到命令后，带着些干粮和淡水，坐上救生艇，朝着小岛划去了。

到了傍晚，天气逐渐恶劣，海风肆无忌惮地刮着，"密里墩"号只能任凭狂风巨浪摧残，在海面上摇摇欲沉。两个小时过去了，贝德等人还没有一点儿消息，肯德尔船长开始为他们的安危感到担心。

到了晚上 9 点钟，海浪越发凶猛，一个几米高的巨浪猛扑过来，"密里墩"号就被冲走了好远。肯德尔船长这时才猛然想起，"密里墩"号没有下锚。肯德尔赶紧叫船员抛下锚，但为时已晚。船员们在船的左右两侧分别抛下一只锚，不等铁锚沉下海底，两只锚就被坚硬的花岗岩连根削掉。此时，"密里墩"号如同脱缰的野马，随着汹涌、奔腾的海浪漂向了岸边。

到了夜里 10 点钟，"密里墩"号停止了摆动，搁浅了。

半个小时过去了，一个巨大的浪头拍打在岸边，将庞大的"密里墩"号一下子冲击到一片礁石上。船底顿时被岩石割破，尖利的巨石直接插入船舱。随着"砰"的一声巨响，"密里墩"号被拦腰断开，船上的几名船员和货物，一股脑儿落入水中。一些反应快的船员，迅速跑到甲板上，还有几名船员太过惶恐，慌慌张张跳下船去，正好落在坚硬的礁石上。

肯德尔船长赶忙叫船员拿来绳子系在船舷上，随后带着一部分船员，顺着绳子爬下船游到附近的礁石上，等待救援的到来。翌日，贝德和其余三人驾驶一艘小木船回来了，接上礁石上的二十几名生存者，回到了岸边。

沉没在西澳海域的"费居德·德雷克"号和"密里墩"号一样，

都是因为触礁而沉没。"费居德·德雷克"号是 17 世纪荷兰东印度公司经极圈往返亚欧航线的商船。1655 年 4 月,"费居德·德雷克"号载着 193 名船员和价值十万余银元的货物及 78600 现银元,驶往远东巴达维亚。这是它的第二次航行,也是最后一次。

"费居德·德雷克"号乘风破浪,在非洲南部好望角作了短暂逗留后,重新起航向东航行。一路上"费居德·德雷克"号乘风破浪,通过满覆流冰群的极圈海域后,进入澳大利亚海域。

4 月下旬,"费居德·德雷克"号航行至西澳大利亚海域,海德尔船长正在观察海面的情况。这片海域暗礁丛生,不少船只都在这里遇难沉没,因此海德尔格外警惕。当天傍晚,海面狂风四起,船帆在风的鼓吹下"呼呼"作响。舵手米其林神情凝重,他能感觉到船在风作用下,已经开始不听他的指挥。

狂风掀起数米高的巨浪,一排一排海浪无情地冲击着"费居德·德雷克"号,帆船摇晃得越来越剧烈,船员们甚至觉得船下一秒就会被海浪掀翻。就在这时,海上一个大浪汹涌袭来,"费居德·德雷克"号只能任它把自己吹远。

突然船底传来一阵刺耳的声音,有经验的船员心下一惊,立即明白这是触礁发出的撞击声。有一个大浪猛扑过来,又是一阵更强烈的晃动。船员们马上意识到"费居德·德雷克"号触礁了,海德尔船长立即下达弃船的命令。船员迅速放下救生艇,几名船员争先恐后地爬了上去。另外 20 名船员纷纷纵身跳海,拼命向海岸游去。

"费居德·德雷克"号在短短的几分钟内沉没了,它除了带走了一笔丰厚的财宝,还带走了 118 人的生命。不久后,"费居德·德雷克"号沉没的消息人尽皆知,不少捞宝者特意来到这里,下水打捞沉宝。1931 年,人们无意间从沉船遗址附近打捞出 40 枚 17 世纪上半叶的欧洲银币,遂引起了对该船的重新关注。1972 年、1981 年、1983 年西澳大利亚海洋博物馆连续对该船进行勘察和打捞，采集到铜炮、铁锚、象牙、压舱砖块、银币等遗物。

海上罹难的远航商船

　　"堆多普"号是荷兰东印度公司的一艘装备先进的大型商船。1712 年，它载着大量船货和银币离开荷兰港口，准备远航中国购买茶叶、瓷器等货物。刚出航的几天，"堆多普"号就遭遇了一场噩梦。

　　这天"堆多普"号航行至巴达维亚，克里斯船长下令靠岸，在这里补充些补给品。两天后，"堆多普"号再度起航，沿着西澳大利亚航行。一连几天，乌云密布，不见天日，克里斯船长心中隐隐不安，

大型商船龙骨结构

和老朋友巴扎特——也是"堆多普"号的大副商量，改变航行路线。巴扎特大副心中犹豫，恐怕改变航向会耽误航程，也怕途中再遇风险。

克里斯船长觉得巴扎特话说得也有道理，于是放弃了改变航线的念头。当天下午，海面刮起了暴风，汹涌的浪花拍打着甲板，"堆多普"号在风浪中摇摇欲沉。这时一名船员跑来报告，说船舱莫名漏水了。巴扎特听了，随即跟他前去查看。发现船底的侧壁裂开一条半米长的裂缝，海水就是顺着这条缝隙钻进来的。巴扎特四周都检查了一遍，也没有发现船损坏的原因。他叫船员拿来钉子和木板堵住缝隙，又和克里斯建议在附近海岸停泊，检修"堆多普"号。

克里斯船长也来到底舱查看，此时裂缝已经被船员用木板封住。克里斯船长想了想，觉得"堆多普"号已经修好，就不用靠岸检修了，于是他下令全速航行。"堆多普"号此次航行命途多舛，没过几天，就遭遇暴雨的袭击，宛如利箭般的雨点射落四处，激起凶猛的海浪。这场暴雨下了两天才平息，它却给"堆多普"号带来了一个天大的噩耗。

"堆多普"号在暴雨中艰难前行，海面视线极其不佳，让船员们迷失了方向，如今"堆多普"号身在何处连他们也不知道。这时，船员再次报告底舱漏水严重，"堆多普"号已难航行。克里斯船长下去查看，发现底舱已经积满海水。汹涌的海水将之前补上的木板冲开了，而且那条缝隙又增长了10厘米，海水正迅速地涌进船舱。

克里斯船长立即命船员排水，然而这已经是徒劳。海水不断地涌进船内，船员们甚至感到"堆多普"号已经在下沉了，恐惧和不安笼罩着每一个人。几个小时后，"堆多普"号的情况没有任何好转，船员在惊慌中也迷失了方向，不知将"堆多普"号开到了何处。不久后，船员再次来报告，舵已经失效，"堆多普"号正随着风向航行。

这无疑是一个晴天霹雳，在这广袤宽阔的大海上，"堆多普"号

只能随着风向渐行渐远，海水不断流进船舱，船体已经开始下沉，所有人都绝望了，最后他们和"堆多普"号一起消失在西澳海域上。

历史总是惊人的相似，在西澳海域遇难的还有建于1725年的"泽维克"号。"泽维克"号也是荷兰东印度公司的商船，它全长40.6米，载重量278吨，安装36门大炮和6门旋转炮。1726年11月7日，"泽维克"号满载208名乘员，离开荷兰的符利辛根港口，向远东巴达维亚驶去。这一路航行十分顺利，"泽维克"号没有遭遇任何风浪的袭击，这让船员们感到非常愉快，他们甚至认为，幸运之神就站在他们这里。

1727年3月26日，"泽维克"号抵达南非开普敦港口，在那儿卸载下货物，又装上一些铁器，继续它的远航之旅。"泽维克"号一路向东，在极圈海域航行。此时北极的冬季还没结束，海面上还漂浮着流冰群，"泽维克"号必须谨慎地避开这些流冰，以免被流冰包围困在这里。经过三个月的航行，"泽维克"号突破流冰重围，来到西澳海域。就当众人为顺利通过极圈欢呼的时候，"泽维克"号传来一阵恐怖的碰撞声音。

眼尖的船员惊呼一声："天呐，我们触礁了！"不一会儿船舱底部传来阵阵海水涌进的声音。船长试图挽救"泽维克"号，但已为时过晚，艉部已经陷入淤泥里。船长环视四周，见不远处有座名叫"枪岛"的小岛，于是他带着船员们登上了小岛，大家在岛上建立了一个临时

营地，随后船员们又返回"泽维克"号，抢救船上的部分金银珠宝、枪炮和一些补给品，把这些货物搬到小岛上。

　　船长思虑再三，觉得不能坐以待毙，他们在众人中推选出 11 个水性最好的船员，然后让他们乘坐救生艇前往巴达维亚寻找救援。11 个船员在制定好航线后，就划着小艇出发了，他们带着众人的希望，一路向北划行，然而救生艇本就不适合远航，他们划了几天，又被海风吹向了别处。小艇上的补给品本就不多，几天后淡水也所剩无几。这 11 个船员饿得面黄肌瘦，根本没有力气划动小艇。这时，一个高浪扑了过来，救生艇和那 11 个船员一起被海浪卷入了海底。

　　两月过去了，那 11 个船员还没有回来，众人知道这个计划失败了，于是决定再造一艘木船，好从岛上脱困。人们从"泽维克"号搬下器具，又从"泽维克"号上卸下木板和铁钉，忙活了大半年，另建造一艘名叫"斯洛比"号的木船。1728 年 3 月 26 日，它载着"泽维克"号上卸下的部分银币和珠宝起航，向巴达维亚驶去。一个月后，"斯洛比"号平安抵达目的地，此时船上只有 82 名生存者。

　　"泽维克"号罹难的过程公之于世后，许多欧洲探险家不远千里，慕名前往豪特曼礁寻找"泽维克"号沉址和船员营地。20 世纪 50 年代，考古人员在营地遗址找了大炮、打字机构件和铁器等物，1963 年西澳大利亚海洋博物馆组织了一次大型探险，对"泽维克"号遗址进行考古、研究工作。

Part 8

英国东印度公司沉船

英国开辟亚欧市场的时间较晚，17世纪初，东印度公司荣获英国皇家的专利支持，自此它在孟加拉湾的默吉利伯德讷姆建立它的第一所工厂。尽管英国远航历史较短，但它以简单、粗暴的手段，迅速掌握了印度市场，并取得当时印度国王的支持。在以后的时间里，英国远航远东的船舶，也日益繁多。

泰晤士河沉没的商船

　　1765 年 1 月 16 日，"阿尔卞"号升起风帆，准备前赴遥远的中国。不过，它的首站并不是中国，而是同在欧洲的西班牙。它需要到那里用船上的 47 箱货物和 844 块铅锭，换取一些银子，再到中国购买茶叶、香料、瓷器等货物。

　　当天上午，"阿尔卞"号在英格兰人民的欢送下离开码头，沿着泰晤士河一路南行，就在它航行至长沙海域时，几个船底的船员满身是水的跑上甲板，报告说船底严重漏水。船长一听大吃一惊，随即跑到底舱来看，积水已经漫过他的小腿。船长心知不好，一面命船员立即排水，一面命人赶紧发送电报，请求救援。

　　船长来到播音室，告诉全体乘客和船员"阿尔卞"号不幸遇难，又命船员们立即疏散乘客到甲板上来。20 多分钟后，舱室里的乘客都来到甲板上，此时"阿尔卞"号已经严重倾斜。几艘救援船已经陆续赶到，它们接走了所有的船员和乘客，并把 47 箱货物和一半铅锭抢救上岸。船长痛心疾首地目睹"阿尔卞"号一点点消失在海面，尽管人们已经将伤害降到最低，但对于船长来说，刚出海就沉船成了他最大的污点。

　　1985 年，一批捞宝者发现了"阿尔卞"号的沉址，起初他们认为，这是于 1803 年从远东返航的沉船"瓦波罗"，当他们发现船上的货物全部是要运到远东市场的，才意识到他们的推测错了，经过证实，这艘沉船正是出师未捷的"阿尔卞"号。他们从船里打捞出许多要销往中国或印度的白银、铜、铁、铅、玻璃、布匹等物。

　　在泰晤士河沉没的除了"阿尔卞"号，还有同为英国东印度公司的"印度斯坦"号。"印度斯坦"号是一艘建于 1796 年的大型商船，它全长 43.9 米、载重量 1463 吨，曾多次成功往返远东并抵达中国港口，被人们视为"最幸运的船"。然而这艘"幸运船"却在 1803 年的一次航行中葬身大海。

1803 年，"印度斯坦"号准备开始一次新的远东之旅。工人们将一箱又一箱的银币、珠宝等货物，搬到"印度斯坦"号的船舱。它将装载着这些货物漂洋过海到远东的中国，换取一些瓷器、茶叶、丝绸等稀有物品。船长维多利亚·沃森正和大副托马斯以及几个技工检修"印度斯坦"号，在确定没有异常状况后，维多利亚船长下达了起航的命令。

美丽的泰晤士河

在离开码头之后，"印度斯坦"号沿着泰晤士河向南航行，3 个多小时后，舵手突然发现舵向出了问题，"印度斯坦"号不受控制地向北漂去。维多利亚船长也发觉了"印度斯坦"号的异常，他叫来技工检查舵向，又下令抛下两只 10 万多千克的铁锚。

两只铁锚"咚"的一声闷响，随后沉入海面。十几分钟过去了，技工仍然没有检修出舵向的问题，这让维多利亚船长心急如焚，于是他决定派出 5 名身强体健的船员，划着小艇回到码头搬救援。以海格为首的五人出发后不久，一名船员忽然感到"印度斯坦"号在前行，他赶忙将这件事情告诉船长。维多利亚船长并没觉得"印度斯坦"号在前行，他觉得是船员太过紧张，杞人忧天。

十几分钟过后，海浪突然变得汹涌，一个大浪猛扑过来，"印度斯坦"号一下子就被冲走了。维多利亚船长瞪大眼睛，不可置信地望着迎面扑来的海浪，他怎么也无法相信在下锚的情况下船会被海浪冲走。又一个更加凶猛的浪头席卷而来，"印度斯坦"号在一阵晃动后，两只铁锚的铁链发出窸窸窣窣的摩擦声，从甲板上滑落到海里。

维多利亚船长立即下令赶紧下锚，就在船员们准备把船上的另外两只铁锚放下海时，一个涌浪扑打过来，"印度斯坦"号一下子就被推到好远。在人们的惊呼声中，"印度斯坦"号传来一阵令人心惊肉跳的断裂声。维多利亚船长幡然醒悟，这片海域多有暗礁，刚才的声音是船触礁的碰撞声。

船长赶忙俯下身子去看，果不其然，"印度斯坦"号的船底紧蹭着岩石，海水顺着裂缝处涌进舱内。维多利亚船长立即命船员抢救船上的货物，又命威尔逊带几个健壮船员划着小艇到附近海岸寻找救援船。半个多小时过去了，还不见救援船的身影，此时"印度斯坦"号的尾部已经淹没，船员们紧张地搬运着船上的货物。

又过了半个多小时，维多利亚船长紧张地四处张望，这时他看见远处正快速驶来两艘商船。十几分钟后，那两艘商船来到出事处，船员们将抢救下的货物搬上船。正当大家想办法抢救"印度斯坦"号底舱的货物时，"印度斯坦"号已经悄然沉没深海。无奈之下，众人只好放弃"印度斯坦"号，开着两艘商船回到了码头。

"印度斯坦"号沉没后，维多利亚船长仔细琢磨一番，这才想到"印度斯坦"号的失事原因。泰晤士河出口水域河流急湍，这才引发了走锚触礁的悲剧，尽管他懊悔不已，却也无济于事。

　　1985 年，当地的渔夫在附近打捞出几枚年代古老的银币，这引起了当地博物馆的关注。很快，当地博物馆组织了一支水下考古队，经过数月努力，人们终于在泰晤士河口附近发现了长眠已久的"印度斯坦"号，并对它进行了水下勘测。

"苏塞克斯"号沉船

　　1736 年，英国东印度公司建造的"苏塞克斯"号竣工下水，它是一艘中型商船，载重量 490 吨。"苏塞克斯"号的首次航行之旅，就是奔赴相距万里的中国，1736 年"苏塞克斯"号在人们的欢送中离开泰晤士河港口，向远东方向驶去。

　　几个月后，"苏塞克斯"号绕过非洲好望角，穿过近极圈来到西澳海域。此次航行之旅十分顺利，海面风平浪静，天气晴朗明媚，船员们的心情也相当愉快，平时"苏塞克斯"号谨慎地在海上航行，偶尔大家也会举办宴会放松心情。1737 年，"苏塞克斯"号经过一年的航行，终于到达中国广东港口。"苏塞克斯"号在广东停留数月，待一切货物都装点完毕，德萨克船长下令起航，"苏塞克斯"号缓缓升起船帆，踏上回国的征程。

　　"苏塞克斯"号满载着瓷器、茶叶、丝绸等中国货物，一路向南全速航行。1738 年 4 月，"苏塞克斯"号航行至非洲东部。这天下午狂风肆虐，"苏塞克斯"号在涌浪中载沉载浮。一连几日，海风狂啸，掀起数米高的恶浪，"苏塞克斯"号在风浪的摧残下，伤痕累累、破损严重。"苏塞克斯"号的桅杆已经拦腰折断，风帆也早已被大风刮走，船的左舷断开 1 米多长缺口，船身上布满了风浪冲击的痕迹。

　　德萨克船长为使"苏塞克斯"号能顺利抵达海岸，决定放弃商船，用救生艇和小船运送货物、逃生。船员迪恩并不赞同德萨克的想法，他认为"苏塞克斯"号都难以抵挡汹涌的海浪，更何况几艘扁舟。正当大家左右为难的时候，迪恩提出了一个建议，他说："英国东印度公司的商船'温彻斯特'号就在南非海域，我们不如把船往回开向他们求援。"

中国茶叶

船员们听了觉得这是个极好的点子，于是在迪恩的带领下，"苏塞克斯"号往回航行。一连几天，他们也没有看见"温彻斯特"号的影子。这时，迪恩打探到消息，"温彻斯特"号已经和他们错开了，最后的希望也化为泡影。此时舵手吉恩告诉大家一个绝望的消息，舵向失效了，他们已经没法操控"苏塞克斯"号了。

海风呼呼地刮着，残破不堪的"苏塞克斯"号只能随风向四处漂泊。过了几天，"苏塞克斯"号漂到了马达加斯加。遗憾的是，"苏塞克斯"号距离马达加斯加海岸十分遥远。此时船上的食物和淡水也不充裕，有几个船员已经因为身体缺少维生素，出现了败血病的症状。长久下去，他们都将面临死亡。迪恩瞧见远处有个米粒大的黑点，那是马达加斯加的海岸。他觉得这是逃生的最好机会，只要划过这片海他们就能得救。

迪恩把自己的想法告诉船员们，希望大家可以跟他一起逃生。几个重病的船员拒绝了他的提议，他们被病症折磨得人不像人、鬼不像鬼，已经丧失了求生的念头。另外一些船员则觉得这样太过冒险，如果此时海面再刮起海风，光是几艘小舟，一定会颠覆深海的。另有些船员觉得这儿邻近海岸，应该会碰到过往船只，此时划船去海岸实在多此一举。最后，只有几个船员愿意跟他一起冒险。

迪恩一行人从船上放下两艘小船，带了少量干粮和淡水，划着小船离开了。不出所料，迪恩等人才划了4个多小时，海面再次刮起大风，小船更难抵达海岸。不过迪恩一行人并没有放弃，反而越战越勇，奋力挥动着双臂，希望能靠近海岸。

海上大风呼呼作响，"苏塞克斯"号也被大风吹向远处。船上的人见海风这么凶猛，有人暗自庆幸没有跟迪恩冒险，也有人担忧大风将会把他们带向何处。

翌日，海风渐渐平息，迪恩等人昨天的努力微乎其微，他们吃了一些干粮，喝了点水，趁着风平浪静，抓紧时间向岸边划去。"苏塞克斯"号随着海风漂泊，离马达加斯加越来越远，船员们也越来越慌。

又过了两天，迪恩瞧见了马达加斯加的海岸，但是大家都没有力气划船了。他们的食物已经所剩无几，淡水也少得可怜，大家的嘴唇干得起皮，阿莫斯已经严重脱水，甚至开始感到昏厥。迪恩提议把仅剩的一点淡水给阿莫斯喝，却遭到了他的拒绝。到了下午，迪恩远远瞧见一个黑影正在向前移动，他突然尖叫起来，那是一艘出航的船。迪恩和同伴互相鼓劲，一面向船的方向划去，一面挥舞着双手希望能吸引来船的注意。

迎面而来的是一艘名叫"威廉王子"号的东印度公司商船，它正准备前赴英国。船长威廉在看见遇难的迪恩等人后，立马下令全速来到他们身边。迪恩一行人激动得热泪盈眶，顺着绳梯爬上了"威廉王子"号。迪恩将他们的遭遇告诉了船长，并请求威廉船长可以回到他们离开"苏塞克斯"号的地方，想寻找他的伙伴。

船长答应了他的请求，当天晚上他们就来到了海域附近，但是湛蓝的大海上空无一物，"苏塞克斯"号早已随风漂走了。随后，"威廉王子"号向英国航去。

4月28日一早，海面就刮起狂风。"威廉王子"号谨慎地在海面航行。然而海面另一端的"苏塞克斯"号却狼狈不堪，船员们早已弹尽粮绝，个个面黄肌瘦、憔悴不堪。海风掀起一层层浪涛，冲击着"苏塞克斯"号，只听"咔"的一声，船舷的船板被海浪击成了两截，海水如猛兽一般迅猛钻入船舱。没过几分钟，"苏塞克斯"号就已经严重倾斜。不等船员们放下救生艇，"苏塞克斯"号就沉没了。

"苏塞克斯"号带着大量中国茶叶、丝绸、瓷器，还有53吨锌锭，以及数十名船员一起沉到了海底。

"实践"号沉船

1621年，英国东印度公司建造了一艘大型远航商船，它也是东印度公司最早的一艘商船——"实践"号。这天英格兰码头人潮拥挤，数以千计的市民聚集在码头，欢送"实践"号首次出航。不少绅士摘下帽子拿在手里，朝着"实践"号远去的方向挥着手。"实践"号在太阳的余晖中，逐渐变得渺小，直到消失在人们的眼前。

船长爱德华下令，一路向南非航行，他决定走荷兰人10年前新开辟的由好望角靠近极圈东南行而后北上的便捷航路。然而，"实践"号的首次航行并不顺利，甚至可以说是命途多舛。它载着运往远东国家的货物，一路奔向好望角，却在南非海域遇到了强烈的海风，险些葬身大海。当天傍晚，海风忽然狂风大作，凶猛的涌浪冲击着船身，"实践"号如同一片落叶般任风浪摧残。

帆船在海浪中摇摇晃晃，随时都有被海浪掀翻的可能。爱德华船长立即下令，减慢航速顺着风向航行。第二天清晨，海风稍微平息，正好是顺风，爱德华船长叫船员升起风帆，顺着风向一路南行。

两个月后，"实践"号来到极圈海域附近，此时正值冬季，海面浮冰成群，密密麻麻地铺满在海面。爱德华船长犹豫再三，最终下令穿越浮冰群。船员们对这片浮冰海域早有耳闻，船只一旦在这里被浮冰困住，至少要被困住一年才能脱困，如今他们时间宝贵，这里又极其寒冷，只能日夜兼程穿过这片冰海。

这天，舵手斯威特一如往常掌舵，忽然发现舵向失效了，他赶忙把情况报告给船长。爱德华船长一听，立即叫技工和木匠过来检修，技工达尔仔细检查一遍，并没有发现异常，但是舵向却失效了，就在大家丈二和尚摸不着头脑时，一个船员慌里慌张地跑了过来，报告说："报告船长，船被浮冰冻住了！"

爱德华船长听了心急如焚，他赶忙到船舷边查看，瞧见"实践"号两侧冻结着层层浮冰。难道"实践"号他们就要被围困在这儿吗？爱德华船长琢磨一会儿，叫来几个船员，让他们把绳子的一头系在船舷上，另一头系在自己腰间，然后下到冰面上，用榔头、锤子之类的铁器破冰。

6个船员来到浮冰上，奋力挥动榔头试图凿开冰层，3个多小时后，那几个船员累得满头大汗，冰层不厚已经初见成效。此时已是黄昏，爱德华船长怕船员们遭遇危险，决定明日一早再破冰。

翌日清晨，那6个船员下到冰上，眼前的一幕令他们伤心欲绝——浮冰牢牢禁锢住"实践"号，昨天的努力全都白费了。爱德华船长想，这里晚上极其寒冷，只能在白天进行破冰工作。于是他下令，船长留20名船员看顾，其余40人全部下去破冰。船体两侧各站20名船员，他们拿着各种铁器、铜器开始破冰工作，到了正午，在阳光的照射下，破冰工作进行得相当顺利，到了傍晚船体两侧已经有海水溢出。只听"咔嚓"一声，最后一块大浮冰也离开船体，"实践"号终于脱困。

"实践"号遗骸

　　船员们回到船上苦不堪言，十几个小时破冰工作，冻得他们手脚淤青、满是冻疮。几天后，"实践"号离开极圈海域，向西澳大利亚海域航行而去。一路上不少船员手脚的冻疮，因为没有及时得到处理，已经开始化脓，疼痛难忍。

　　1622 年初，"实践"号航行至西澳大利亚海域。天公不作美，一连几日天空灰蒙蒙的，风浪也十分汹涌。"实践"号一路北行，在海浪的助推下载沉载浮。这片海域多有暗礁，多年来，有不少船舶在这里遇难沉没，爱德华船长提醒船员们谨慎航行，但大多船员都因病痛没有精神。

　　这天一个船员报告，舵手斯威特的手脚溃烂，人已经不省人事，另外一名船员的情况也非常糟糕。爱德华叫来几个身体强健的船员到重要的岗位工作。只是几个优秀的舵手，都身患重疾难以掌舵，爱德华无奈之下只好亲力亲为。

　　这天海风越发凶猛，"实践"号在海面上摇摇欲沉。爱德华一面注视海面的情况，一面操作动向。几个小时后，他感到分身乏术，就叫来西利奥替他掌舵。西利奥本是一名瞭望员，虽然他曾驾驶过帆船，但并没有丰富的经验。不过爱德华非常器重他，他相信西利奥可以胜任这项工作。

海浪奔腾翻滚，"实践"号摇摇欲沉。爱德华船长下令，抛下铁锚以防暴风来袭。就在抛下锚没多久，一股更猛烈的飓风席卷而来。它呼啸着卷起数米高的海风，一次次扑向摇摆不定的"实践"号。

第三次海浪袭来时，只听"咔嚓"一声，桅杆拦腰折断，横着砸了下去，右舷一下子就被折断，铁锚的锁链迅速滑落，掉进了大海。"实践"号失去一只铁锚，顿时变得摇晃，一个大浪冲击过来，把"实践"号冲出好远。爱德华叫人把铁锚解开，他想借助海浪把"实践"号驶离这片海域。就在铁锚解下的瞬间，一个涌浪扑面而来，随着一阵刺耳的摩擦声，"实践"号慢慢沉入大海。"实践"号触礁沉没了，船员无一人脱险，在它沉没的一瞬间，它携带着船上的每一个人，都沉入到幽深、昏暗的海底。

"实践"号是澳洲海域最古老的一艘沉船，300余年后，人们在西澳莱切斯礁海底找到了"实践"号的残骸，经过数十年的考古和探索，它为研究 17 世纪亚欧海上贸易的发展又添加了新资料。

英国军舰"玛丽·罗斯"号

16 世纪中叶，英国亨利八世时期，英国海军建造了一艘当时世界上屈指可数的优秀军舰——"玛丽·罗斯"号，它于 1509—1511 年建造而成，是第一批可以舷炮齐射的战舰。当时亨利八世非常偏爱"玛丽·罗斯"号，并赞美它为"海洋上一朵最美的花"。

"玛丽·罗斯"号配备了 90 多门炮，它的射程大约有 183 米。它的炮位相当高，不过艉艒楼的炮位很低，这可以让它尽量靠近海面，避免被敌军发现。它在海上作战时淋漓尽致的表现，令许多敌舰闻风丧胆。它的诞生标志着英国海军已由中世纪时"漂浮的城堡"转变为伊丽莎白一世的海军舰队。尽管"玛丽·罗斯"号享有世界美誉，但天妒英才，没能逃脱沉没的厄运。

1545 年，英法战争的号角再次吹响，法国派出一支由 5 艘攻击军舰组成的舰队，前赴索伦塔海峡袭击英国海军。当英国国王听到此事后，立即派遣"玛丽·罗斯"号奔赴索伦特海峡阻挡法国侵略军。"玛丽·罗斯"号从朴茨茅斯出航，一路直奔索伦特海峡。几天后，它来到了索伦特海峡海域。海面上空无一物，并没有见到法国侵略军的身影。

法国军舰的上将对"玛丽·罗斯"号早有耳闻，自知和它硬碰必然吃亏。不过他曾听人说，英国"玛丽·罗斯"号的舰长乔治·卡鲁是个迂腐之人，于是他决定先藏匿起来，等"玛丽·罗斯"号放松了警惕再发动进攻。

一连两日，瞧不见法国军舰的影子，"玛丽·罗斯"号的舰长对此感到十分奇怪，于是他开始绕着海面搜寻。正当"玛丽·罗斯"号调头搜寻法国军舰时藏匿已久的法国舰队排成一队，冲着远处的"玛丽·罗斯"号连发三枚火炮，都没能击中。

乔治·卡鲁舰长听到炮声大吃一惊，知道自己中了敌人的埋伏。于是立马下令撤退，就在"玛丽·罗斯"号准备撤离的时候，又一发火炮射了过来。"玛丽·罗斯"号想要反击，却不知敌人身在何处。就在它犹豫再三之际，"玛丽·罗斯"号忽然向下一沉，乔治·卡鲁大惊，忙问发生了什么事情。船员们更是不知为何，船舰也没有任何损伤。就在这时，一名舰员跑了过来报告说"海水顺着炮门涌进舱室了"。

威风凛凛的舰队

乔治·卡鲁舰长猛然醒悟，一直以来他从没下达关闭炮门的命令。就在他懊恼的时候，"玛丽·罗斯"号一阵颤动，严重倾斜，舰员们能清楚地听到海水涌进的声音。年仅20岁的巴扎特绝望地喊道："我们要完了，我们要完了！"话音刚落，他猛地抬起头，眼睛瞪得好大，注视着乔治·卡鲁，突然他挥出一拳，将乔治·卡鲁打倒在地。舰员们看了大吃一惊，连忙架住巴扎特的手脚。

　　巴扎特一面挣扎，一面破口大骂。乔治·卡鲁莫名其妙被人打了一拳不由恼火，他正要开口，只听巴扎特叫喊道："我错了吗？他是舰长，为什么不提前下达关闭炮门的指令！"有些人指责他疯了，为乔治·卡鲁打抱不平，但巴扎特的下一句话，却让在场的十几人，都仇视地盯着乔治·卡鲁。

　　巴扎特大喊道："我疯了？我就要死了，海水已经漫进舱室了，我们都要完蛋了！"乔治·卡鲁被众人盯得毛骨悚然，他后退一步从腰间摸出手枪，用枪指着众人的脑袋，大声喝道："你们都想干什么，难道要造反吗！"

　　就在众人僵持之际，谁也没有想到逃生。这时候，"玛丽·罗斯"号猛然一阵颤动，向水下沉去。舰员们惶恐极了，在巴扎特的煽动下，人们对乔治·卡鲁的敌意越来越深，他们一点点向乔治·卡鲁靠近。乔治·卡鲁一面呵斥他们退下，一面举起手上的枪威胁众人。船上还有一部分人是西班牙人，当他们看到乔治·卡鲁情绪激动拿着枪，说着他们听不懂的话时，心中越发恐惧，他们和巴扎特等人步步紧逼，仇恨地瞪着乔治·卡鲁。

　　"砰"的一声枪响，一个舰员瘫倒在地，地板上瞬间一片鲜红。乔治·卡鲁喝令众人退下，否则下场将刚才那个船员一样。然而，这样的威慑并没震住他们，反而让他们的情绪更加暴动。巴扎特疯了一样冲上前去，一把攥住乔治·卡鲁持枪的手，众人见了纷纷涌上前去，从乔治·卡鲁手里夺下手枪，朝着他的大腿射出一枪，鲜血顿时喷了出来。他们像疯了一样手舞足蹈，乔治·卡鲁艰难地爬向操作台，向总部做出了最后的报告："我已经控制不住这些混蛋了。"

在乔治·卡鲁的遗言中，"玛丽·罗斯"号沉没了。

当时，英国考古专家、伦敦大学学院的休·蒙特戈麦利教授领导的研究小组，在征得"玛丽·罗斯信托基金会"的同意后，曾到"玛丽·罗斯"号沉没地点考察，并在船舱里发现 18 名船员的遗骸。专家经过鉴别得到了一个惊人发现：船上大部分人都是西班牙人。专家结合乔治·卡鲁的遗言猜测，很可能是船员听不懂上司的指令，这才导致了暴乱。

事情发生后，英国国王立即派人对"玛丽·罗斯"号进行打捞，并打捞出部分枪炮、帆桁和船帆，不过打捞工作在 1550 年中止了。直到 20 世纪 60 年代中期，考古学家亚历山大·麦祺率领了一支考古队伍来到当年的事发地点，对"玛丽·罗斯"号再次进行调查工作。在他的不懈努力下，这艘沉睡 4 世纪之久、被海水浸透的船骨终于浮出了索伦特海峡的水面。由于海底淤泥的天然保护，它基本保存了历史原貌。现在，这条历经沧桑的战舰被陈列在英格兰朴茨茅斯港"历史造船厂"，以供人们参观。

英国客船"卢西塔尼亚"号

1914 年第一次世界大战爆发了。这场旷日持久的战争，给人们带来了永不休止的杀戮和痛苦，数以万计的无辜生灵惨遭杀害，街头巷尾传来婴儿的啼哭、女人的哽咽、老人的叹息、强盗的嘶吼，人们生活在痛苦和黑暗中。

在那个动荡不安的年代，英国东印度公司建造了一艘客船，与其他船只不同的是，它还配备 12 门 6 英寸口火炮，英国人称它为"卢西塔尼亚"号。虽然"卢西塔尼亚"号以客船的身份在海面航行，事实上它也是英国海军舰队后备巡航舰的一员。由于它能以平民客船的身份作掩护，因此它装备的武器远远超过了英吉利海峡巡逻的皇家海军舰队。它曾多次趁敌人不防，成功攻击敌军的运输船，英国政府将它称为"海上灰狗"，视它为骄傲。然而，在 1915 年，"卢西塔尼亚"号载着乘客路过爱尔兰南部海域时，却遭到了德国海军的攻击，"卢西塔尼亚"号就此沉没大海。虽然德国舰队的攻击是这次海难的主要原因，但英国政府何尝不是始作俑者！

1914 年 8 月份，"卢西塔尼亚"号被英国海军征用，将它送往利物浦的加拿大码头，在那里，英国海军给它配备了 12 门火炮，让它作为海军舰队的后备巡航舰。当天英国的首任海军大臣温斯顿·邱吉尔来利物浦参观并视察了"卢西塔尼亚"号。温斯顿·邱吉尔十分满意"卢西塔尼亚"号的改造，还发表了一番令他终生难忘的言论："在我看来，它就像是一个 45000 吨的活鱼饵。"

自"卢西塔尼亚"号改装后，它便在纽约、利物浦之间往返航行。一年之间，它帮助英国海军运送了大量军火和弹药，还曾击中一艘德国运输船。1915 年 5 月初，"卢西塔尼亚"号载着 1200 余名乘客和大量弹药离开纽约，向利物浦驶去。

"卢西塔尼亚"号乘风破浪，6 天后航行到爱尔兰海域附近。午饭过后，一些船员拥簇着小艾米莉，答应要送给她一份特别的礼物。小艾米莉是一个美国女孩，今天是刚满 6 岁的生日，船员海伦非常喜欢这个善解人意的小姑娘，于是他找来几个船员，决定给小艾米莉做一个小彩灯。

下午两点钟，海伦把做好的彩灯装进盒子，和其他几位船员还有小艾米莉的母亲，在甲板上给小艾米莉庆生。就在这时，"卢西塔尼亚"

号居然发生了一阵剧烈的摇晃，小艾米莉一下跌倒在地，顺着倾斜的甲板滑了下去。海伦立即冲了过去，拽住了艾米莉的一只手。就在海伦准备把她拉上来时，船上突然传来一阵爆炸声，随后"卢西塔尼亚"号剧烈地晃动几下后沉了下去。

海伦没能拽住小艾米莉，他眼睁睁地看着她沉入了深海。甲板传来一阵杂乱的脚步声，船上的每一个角落都能听到人们歇斯底里的叫喊，有人大声呼救，有人叨念着"这不是真的，这不是真的"！

不远处的一艘德国潜水艇看见了轮船沉没的全过程。事实上，在下午两点 10 分左右，这艘名为"U20"号的潜水艇浮出海面，瞧见正在老金塞尔角附近航行的"卢西塔尼亚"号。"U20"号艇长看了一眼，

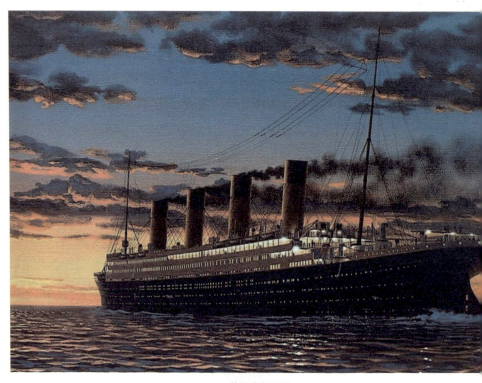

英国客船沉没

见这艘客船与其他客船不同。艇长推测这艘船上很可能装了军火，于是下令发射鱼雷攻击"卢西塔尼亚"号。

随着一声巨响，鱼雷击中了"卢西塔尼亚"号的腹部，客船剧烈地晃动几下后，大量海水顺着底部的窟窿涌进船舱。几秒钟后，"卢西塔尼亚"号又传出一阵爆炸声，"U20"号潜水艇艇长见船底蔓延出黑色的硝烟，更加确定了他的推断。"U20"号围着"卢西塔尼亚"号绕了几圈，之后就逃之夭夭了。4天后，他们回到了位于威廉港的基地并把此事上报。

只是眨眼工夫，"卢西塔尼亚"号就倾斜严重，船尾沉入水中。不少乘客还没来得及逃出舱室，就被汹涌而入的海水活活淹死。船上的1200余人，大多都是旅行者和探亲者，他们本想乘坐这艘"骄傲"轮船，前往利物浦，却不想来到了地狱。

事发当时，有100多名乘客正在乘坐电梯，突然船体一阵强烈晃动，大家惶恐之余只想逃离这里，然而就在电梯门开了一半时，海水汹涌而入，大家来不及脱逃就被海水淹没。许多在甲板、船舷的乘客，在船剧烈摇晃时直接落水，一些不会游泳的乘客当场毙命。还有些乘客顺利逃了出来，他们惊慌地在甲板上找一切能自救的工具，把小船、水桶等物纷纷扔下水去，却不想砸死了许多无辜的乘客。

"卢西塔尼亚"号在短短的18分钟内，就沉没深海了。同时它还带走了1200多个无辜的生命，其中包括30多个刚出生不久的婴儿。事发后，人们只在海底打捞出了300多具尸体，其余都葬身大海。这场惨绝人寰的海难震惊了整个西方世界。英国人民愤怒了，他们要求德国政府还遇难的人们一个公道。

英国宣称"卢西塔尼亚"号是一艘和军事无关的平民客船，但德国却宣称"卢西塔尼亚"号是一艘军火运输船。遇难者中，还有100多名美国乘客，虽然美国政府没有同意加入战争的请求，但是坚持德国进行赔偿。尽管德国政府坚持认为，"卢西塔尼亚"号是一艘军火船，但"U20"难辞其咎，还是承担了相关赔偿。

后来，人们在第一次世界大战的征兵海报上写着"请记住'卢西塔尼亚'号"。二战结束后，英国军方的资料表明，"卢西塔尼亚"号确实是一艘军火船。当时"卢西塔尼亚"号运载了420万发雷明顿、303步枪弹药筒、1250箱榴霰弹和18箱导火索。在战争爆发之际，"卢西塔尼亚"号就已经装配了舷侧炮，以备皇家海军使用。

1935年，人们在爱尔兰的老金塞尔角附近发现了沉船海底的"卢西塔尼亚"号。1982年，"卢西塔尼亚"号的一个四叶螺旋桨被打捞了上来，后来被阿尔伯特港的默西赛德海洋博物馆收藏。

Part 9

西亚、欧洲远东航路沉船

19世纪末20世纪初，一场旷日持久的世界大战一触即发，欧洲各国都对敌军进行了惨绝人寰的攻击，战争年代，金钱、武器、军舰成为当时各国抢掠、攻击的主要目标，不少舰船、商船、客船，因连天的硝烟而沉没深海，数万的无辜百姓受到牵连。

美国明轮蒸汽船"SS 共和"号

1865 年 10 月 20 日，新奥尔良码头人头攒动，一些乘客拎着行李、携家带口地登上"SS 共和"号轮船，还有些乘客不舍地与亲友告别，随后登上了船。码头上的人们挥着手臂，和他们的亲友告别，在他们的目送中"SS 共和"号渐行渐远。

"SS 共和"号建造于 19 世纪中叶，它全长 63 米，是美国南北战争时期北方军队麾下的一艘侧轮蒸汽机船。这天，"SS 共和"号离开新奥尔良码头，它载着 59 名美国乘客、船员以及大量货物奔赴纽约市区。

在奔赴纽约的途中，海面风卷浪涌，"SS 共和"号犹如一片浮萍，随海浪载沉载浮。10 月 25 日，海风越发猛烈，轮船在海面摇摇欲沉，乘客们和船员都惊恐不已，他们默默祈祷，希望"SS 共和"号能够躲避这场厄难。然而，他们的祷告并没有感动上帝，当天下午，海面刮起猛烈的飓风，"SS 共和"号犹如砧板上的鱼肉，只能任凭风浪摧残。在一声巨响当中，"SS 共和"号的船舷被恶浪击成两截。船长立即用无线电发出了求救信号，又下令疏散乘客，躲在舱室避难。

半个小时后，飓风更为强烈，它卷起数米高的海浪，一排排冲击着船体，发出令人胆战的恐怖声响。船长再次发出求救信号和"SS 共和"号的位置，希望救援船能够快速到来。就在这时，船底突然爆发出一阵断裂声，一名船员慌里慌张地跑到操作室，他带来了一个令人绝望的消息——船底破损，大量海水涌进船舱。

几分钟后，"SS 共和"号严重倾斜，乘客们惊慌失措，乱作一团，纷纷跑到甲板上。此时海面上的狂风还没有平息，一名乘客仓皇逃出舱室，顶着强烈的海风朝甲板奔去，他脚下一滑，险些掉下船去，一个船员眼疾手快，一把揪住他的胳膊，这才让他逃过一劫。

“SS 共和”号还在不断下沉，有些乘客已经绝望，呆滞地坐在甲板上，准备迎接悲惨的命运；有些乘客恐惧极了，他们瑟缩在角落，发出低低的抽泣。船长和船员们用尽一些办法，尽可能地减慢“SS 共和”号沉没的速度，为救援船争取时间。

　　10 分钟后，“SS 共和”号已经拦腰沉没，船长和船员们试图放下几艘小艇，但都被汹涌的海浪卷走了。就在人们绝望之际，一名船员惊呼起来，他看见不远处正有几艘轮船驶来。由于海况恶劣，救援船费了好一番工夫才将船上的 59 名乘客和船员救出来。此时，“SS 共和”号已经消失了。

　　“SS 共和”号载着大量货物、财宝以及 19 世纪中期美国人日常生活的必需品——沉入了幽深的大西洋海底。时隔百年，美国一家海洋探险公司，在乔治亚州海岸附近发现了长眠深海的“SS 共和”号，并在船上发现了大量金币和财宝。当时的报道说，“SS 共和”号携带的财物超过 40 万美金。时隔 100 余年，当初沉没的金银币，早已超出当时的货币价值。这是一艘载满万金财富的宝船。

商船

自从"SS 共和"号沉没深海后，它一直是各路探宝者觊觎的神秘宝船，但在这 130 多年间，人们从未发现它的身影。2003 年，奥德赛海洋探险公司终于在乔治亚州海岸外 100 英里处，发现了这艘号称拥有巨额财富的神秘沉船。

据史料记载，"SS 共和"号上共载有 2 万枚金币，市价估计在 1.2 亿～1.8 亿美元之间。不过从奥德赛公司公布的初步勘探结果推断，美国著名钱币专家唐纳德·卡基认为沉船上的金币远大于此，总数接近 3 万枚。

奥德赛公司为找到"SS 共和"号，整整花了 12 年的时间。当时"SS 共和"号曾遭遇飓风袭击，船体早已支离破碎，它以每小时 160 千米的速度沉没海底，船体更是不堪重负，因而船身破碎，散落在海底四处。1992 年，奥德赛公司的两个高官听闻"SS 共和"号背后的故事后，于是就和它铆上了劲，他们用电脑脑模拟了当年的船行的航线和速度，最终，在乔治亚州海附近发现沉船残骸，继而，人们通过声呐一寸一寸地搜索，终于找了沉没已久的宝船——"SS 共和"号。

奥德赛公司的探宝船利用一种特殊的水下遥控装置，拍摄了沉没在深海 510 米处的"SS 共和"号的大量清晰图片，人们从图片中发现，沉船上堆积着一座小山似的金币堆，这笔丰厚的宝藏让人们惊喜不已。沉船上的金币被打捞出海之后，尽数成为奥德赛公司的资产，奥德赛公司总裁约翰·莫里斯曾公开承认"沉船财宝数量可观"。

协助探宝者完成勘测任务的是一艘名叫"奥德赛探测者"的探宝船。它全长 75 米，配备了世界一流的探测设备，其中包括高清晰度摄像机、可灵活伸缩的机器臂等各类遥控装置。迄今为止，奥德赛公司探宝者已经从"SS 共和"号上成功打捞出 1750 枚金币和 1.4 万件珍贵文物。奥德赛公司将打捞上来的金银钱币卖了 7500 万美金，而他们前期投入的成本仅仅才 200 万美金，这下子可赚了个盆钵满盈。

深海长眠的神秘宝藏

"快速"号是 1807 年在波士顿建成的一艘商船，它拥有当时最好的建造技术和最快的航速，因而成为 19 世纪上叶众多远航中国家商船中的佼佼者。两年后，"快速"号完成了对华贸易的处女航行，并获得了巨大的商业利润。翌年，11 月 28 日，"快速"号募集了 28 万西班牙银币后，从波士顿码头出发，准备再次前往广州购买中国商品。

数月后，"快速"号横渡大西洋，经过非洲南端的好望角，通过南印度洋近极圈，向澳洲西北海岸航去。在"快速"号离开波士顿码头的第 98 天，它航行至西澳海域，这天海面狂风四起，乌云密布，汹涌的海浪一次次击打着船体。突然，"快速"号一阵剧烈摇晃，船长顿时紧张起来，多年来的航海经验告诉他，"快速"号触礁了。几分钟后，船员跑来报告，说"快速"号撞上珊瑚礁搁浅了。

船长立即命令放下救生艇，准备逃到附近的爪哇国去。船长唯恐搁浅的"快速"号会遭遇海盗，于是他们在出发前，将"快速"号一把火烧了个精光。船长一行人划着小艇，一路劈风斩浪，终于来到了爪哇国，他们在那遇到了一艘去往美国的船，几经波折"快速"号的船员们终于回到了美国内华达。随后，这些船员立即驾驶着另一艘船，来到"快速"号沉没的地方，将沉入深海的大部分银元打捞上来。

1978 年，当地渔夫在西澳海域捕鱼时意外打捞出一些银币。此后数年间西澳大利亚海洋博物馆对"快速"号进行了多次水下考古和发掘，不但调查了沉址残迹，还打捞出残存的 2 万余枚西班牙银币。这也是第一艘受到考古学家关注的中美早期商船。

西亚·欧洲远东航路沉船

打捞沉船遗址的宝物

　　1844 年，马里兰州的一家造船厂打造了一艘远航商船并给它取名为"弗洛莱克"号。当时正值中美海上贸易的繁盛时期，它曾进行了多年的鸦片贸易。1850 年，"弗洛莱克"号满载着中国的船货驶向美国西海岸的旧金山，当它航行至旧金山北面 190 千米处的卡布里罗角海域时，"弗洛莱克"号遭遇了风浪的袭击。

　　当时海面波涛汹涌，数米高的海浪一次次冲击着飘摇不定的"弗洛莱克"号。商船如断了线的风筝，只能随风浪摆动。突然，一个十几米高的浪头，凶狠地砸向"弗洛莱克"号，瞬间把商船卷进海底。

　　1960 年，几个潜水运动员在这片海域潜水时，无意中发现了这艘长眠依旧的沉船。他们对这艘沉船产生了兴趣，便游到"弗洛莱克"号旁边，发现船内藏着大量宝物。几个人喜出望外，他们不断从"弗洛莱克"号上捞出宝物。很快，这件事情引起了圣约瑟立大学人类学系托马斯·莱顿博士的关注。他开始在沉船附近的岸边进行发掘，找到了许多中国瓷器和玻璃碎片，这些岸上遗址的遗物都是 19 世纪的土著人从沉船上打捞并使用的器皿。

水下考古调查与勘测表明，"弗洛莱克"号沉址位于水下4.5～7.5米深的海底，沉址上发现了大型压舱石堆积、铁锚、小铸铁炮以及散布的大量船货。已经打捞出水的文物有珠宝、瓷器、茶叶、啤酒罐、火器、家具以及加工好的木材构件，这些都是从中国运往旧金山的船货。

鲜为人知的埃及沉船

"沙姆沙伊赫"号和"沙德万"号是两艘埃及沉船，它们沉没在红海海域，这是两处重要的含有中国船货的古代沉船遗址。两艘沉船都建造于18世纪，船货大致相似，尤其"沙德万"号沉船的船货更丰富。

"沙德万"号沉船遗址代表性的陶瓷内涵有装饰牡丹纹、水草纹、菊花纹等内容的青花瓷碗、碟、盘，可能是具有仿景德镇窑系特点的闽南德化、漳州窑产品，一些碗可能是仿照中国青花瓷器的日本伊万里窑产品，还有些青瓷碗、盘，属于闽南、浙江沿海的龙泉或土龙泉窑系产品。此外，还有一种称为"库拉"的深腹高领罐等物在中国明清窑址中罕见，它常见于同期越南、泰国的窑址中。

据专家研究表明，17、18世纪满载中国瓷器货船的贸易商船，在红海海域一带十分活跃，他们将中国瓷器运到土耳其帝国控制的埃及苏伊士集散，

白釉瓷

然后售往中东其他地区。因此，"沙德万"号沉船的发现，对研究300年前中国、东南亚与中东地区的海上贸易，提供了重要资料。

在第二次世界大战期间，希腊北部港口的达萨罗尼卡市是犹太裔希腊人的聚居处。当时德军向希腊发起攻击，一个叫马克斯·默滕的德国人威胁当地的一个高官，要求他交出所有的财富和宝物，否则就会要了他的命。那个高官吓坏了，只好将自己全部财产倾囊拿出。那些价值连城的宝物就这样落入马克斯·默滕的口袋。

1943年，二战逐渐步入尾声。当时德军节节败退，马克斯·默滕将搜刮来的金银珠宝都装上一艘渔船，想要逃之夭夭。渔船航行到希腊达萨洛尼卡海域时，突然遭遇巨浪袭击，小船摇摇晃晃地航行在海面，一个滔天巨浪扑打过来，渔船一下子沉到了海底。

转眼已过数十年，1999年，一个不愿透露姓名的人说，他曾经和马克斯·默滕被关在同一间牢房，一起度过了两年的监狱生活，马克斯·默滕和他关系非常要好，甚至将当年满载宝物的沉船地址告诉了他。不久后，渔船装有价值25亿美金宝藏的消息不胫而走，不少捞宝者前往达萨洛尼卡海域，寻找沉没多年的宝藏。后来德国一家打捞沉船公司派出最先进的打捞船奔赴沉船海域，利用当时最先进的声呐系统寻找渔船，但一无所获。尽管有人证明，马克斯·默滕确实将宝物装上了一艘渔船，但直至今日也没有人找到它。

法国"康迪王子"号沉船

1745年1月，"康迪王子"号停泊在法国西部的洛里昂码头。码头上来来往往的工人把一箱又一箱银币、珠宝等货物搬上船舱。几个船员和技工正在修检"康迪王子"号，确定没有异常状况后，他们向托尼船长汇报了情况。

翌日，阳光明媚、天气晴朗，在托尼船长的号令下，"康迪王子"号缓缓离开洛里昂码头，向远东方向驶去。"康迪王子"号一路乘风破浪，经过近一年的航行后，它终于抵达中国广州港口，它在那卸下货物，又从中国购买了大量瓷器、茶叶、香料等货物。

1746 年初，"康迪王子"号满载着中国货物起航向家乡驶去。回航之旅千难万险，当它航行至南海海域时，遭遇溟蒙大雾，海面茫茫一片，什么也看不清楚。船长立即下令减速航行，"康迪王子"号闪烁着微弱的绿光，在海面上如履薄冰。次日正午，太阳从乌云中钻了出来，阳光普照海面，大雾才逐渐消散。

数月后，"康迪王子"号航行至西澳海域，这一海域多有暗礁，船长和大副轮流值守，不敢有丝毫懈怠，生怕"康迪王子"号遭遇不测，在这里触礁搁浅。这天，海浪奔腾，强风席卷着海浪，一次次冲击着"康迪王子"号的船体，商船在风浪中载沉载浮。这时，一个大浪汹涌而至，一下子将"康迪王子"号冲向远处。眺望员惊叫一声，立即报告船长说，百米外有一块巨大的礁石。船长一听，看了看海面，那块礁石就在船舷右侧不远处，他当即下令："快满左舵！"舵手听到号令，立即向左转舵。

霎时间，"康迪王子"号与礁石擦肩而过。一分钟后，"康迪王子"号航行至安全海域，船员们都在为脱离险境而欢呼。接下来的归航之旅一帆风顺，转眼间已经是 12 月份，"康迪王子"号距离洛斯科特只有几千米了。船员们兴奋极

清朝瓷壶

了，他们激动地朝海岸呼喊，码头上的人群也对他们回应热情的欢呼声。正当人们准备迎接这支远航归来的英雄船队时，意外却发生了。

码头上的人们亲眼看见"康迪王子"号一阵剧烈地摇晃，随后船尾如同灌了铅似的，快速向海底沉去。一些船员跳进大海，一些船员慌张地解下救生艇，还有些船员没来得及跑上甲板，就被"康迪王子"号卷进了大海。这场事故从发生到沉没不到十分钟，当海面的渔夫赶到附近时，"康迪王子"号已经沉没了，他们救起在海水里冻得瑟瑟发抖的船员，对满载财富的"康迪王子"号却爱莫能助。

一个船员回忆说："当时'康迪王子'号的船底传来一阵流水声，一个船员下去查看，回来的时候，他的头发、衣服都湿了。他告诉我们船触礁了，底舱被岩石割开一个巨大的口子。"当时海水如猛兽般快速涌进"康迪王子"号，不等船员们采取紧急措施，商船已经严重倾斜，几分钟后，商船满载着珍贵的货物一并沉没深海。

1975 年，有潜水员在水下发现了"康迪王子"号的残骸，时隔 8 年，法国的海洋考古机构再次对沉船进行了调查和部分打捞。经过两年的发掘和考古，人们在沉船内发现了大量中国瓷器。通过对瓷器的类型、装饰的分析，专家判定这是一批出自中国清朝乾隆年间的瓷器。另外，在这批瓷器中还有许多绘制欧洲图案的瓷器。这些瓷器包括釉下青花瓷、白瓷等，器型有盘、碗、碟、壶等，这些瓷器比"吉特摩森"号沉船上发现的还要精美。

人们没有在船上发现茶叶保存，但在凝结物中发现了几件胶结在一起的木质茶叶盒，盒子用铅密封，盒中有一些茶叶的渣子。另外，人们还在船上发现了三件金锭，分别有 368.7 克和 375.2 克两种重量，这与之前在"吉特摩森"号上发现的一样，金锭上戳印汉字"玉"，由于当时中、欧间金银的比价差别大，中国为 1：10，而欧洲为 1：15，因此欧洲人向中国输出大量白银换取黄金。船上还有几件小铜炮，长约 95 厘米，口径 4.5 厘米。船上还有一些紫檀木遗存，是运往欧洲的颜料原料。

18 世纪下叶，法国商船开始步西班牙人的后尘，开拓、探索太平洋欧亚航路。1788 年，"卜索勒"号和"阿斯托拉布"号相继沉没在罗门圣克鲁斯群岛中的瓦尼科罗岛，也为这一探险运动留下了永远的遗憾。

"卜索勒"号和"阿斯托拉布"号是两艘于 1782 年建成的载重 550 吨、长 42 米、宽 6 米的同级商船。两年后，航海家简·弗朗科依斯·佩洛斯率领着一支探险队，驾驶"卜索勒"号和"阿斯托拉布"号从法国西海岸的布勒斯特出发，横穿大西洋、太平洋，向远东驶去。船队经过美洲南部的合恩角后，依次航行至复活节岛、毛依岛、北美西岸的加利福尼亚，然后横穿太平洋抵达马尼拉、中国东南海岸、日本、俄罗斯，南下所罗门群岛和澳洲，抵达悉尼的植物湾短暂停留，在这里将一些信件和游记通过英国商船寄回欧洲，而船队在经过澳洲北部、西部海岸横渡印度洋返回欧洲的途中消失了。

1790 年，法国曾派船搜寻，但却没有任何收获。直到 1826 年，爱尔兰人彼得·迪龙在瓦尼科罗岛附近发现了佩洛斯船队遗物，并从土著人那里了解到两船触礁遇难的故事。1828 年和 1883 年，法国和新喀里多尼亚再次发出搜寻队，访问沉船所在的地区，从沉址和土著人手中找到了"阿斯托拉布"号的枪炮、铁锚等物，了解到更多沉船遇难的故事。

自 1959 年以来，新西兰的打捞者开始对"阿斯托拉布"号沉船进行水下调查；时隔三年，法国海军探险队开始介入，并找到"卜索勒"号沉址；20 世纪 70 至 90 年代，来自法国、新喀里多尼亚、澳大利亚的海洋考古队全面勘察了佩洛斯船队遗迹，找到了沉船上的钟、枪炮、银币、陶瓷器、合金盘、纽扣、船员个人用品、航海仪器等大批遗物，一系列的勘测工作再现了船队的部分历程：在瓦尼克岛附近的珊瑚礁，"卜索勒"号两次触礁，船破沉没，"阿斯托拉布"号继续在海面航行。不久后，"阿斯托拉布"号却误入不远处的环形珊瑚礁，船上的幸存者很快逃到岸上，并修筑营地、建造舟船。"阿斯托拉布"号幸存者的死亡是因为再次遭遇海难还是被土著人捕杀，人们便不得而知了。

沉没大海的藏宝船

19世纪上半叶，阿拉伯码头人头攒动，工人们忙得满头是汗，把一箱又一箱的金银珠宝和一些阿拉伯国特有的货物搬运到"黑石"号。特里姆船长今天非常兴奋，他兴致勃勃地哼着小调，在一旁清点货物。下午3点钟左右，所有船货和补给品都搬上了船，几个水手兴奋地升起风帆和铁锚，他们对这次远行都感到无比激动。因为他们将要到遥远而富庶的中国去，用金银珠宝换取中国的宝贝，那些瓷器、丝绸和香料，将带给他们丰厚的财富。

特里姆船长一声令下，"黑石"号缓缓离开码头，向东方驶去。"黑石"号劈波斩浪，转眼数十天过去了。特里姆船长的心情十分愉悦，一路上他们没有遇到什么大的风浪，这让他觉得上帝已经在眷顾他们了。三个月后，"黑石"号来到一处宽广的水域，这里水面平静，天气暖和，海面不时飞来一些身形矫健的海鸟。一个水手惊喜地叫道："看远处，那是中国码头！"在人们的呼唤雀跃声中，"黑石"号缓缓驶近码头，抛下铁锚停泊在港口。

上了岸，特里姆船长和水手们就被眼前的清丽景色所吸引，那青山高耸，绿树成荫，河水清凉，远望过去还能瞧见水中嬉戏的鱼。特里姆船长带着船员一路打听，来到当地窑场，见庭院中瓷器琳琅满目、美不胜收，心中十分喜欢，于是他和窑场老板几番商讨，得到了满意的交易。水手们把一箱箱金银搬到窑场，又从窑场将那些精美的瓷器搬上"黑石"号。几天后，特里姆船长又来到一条商业街，在那他购买了大批香料和一些稀奇珍宝。

忙碌数十天后，"黑石"号满载着中国船货离开码头，踏上回国的旅程。数月后，"黑石"号航行至婆罗洲和苏门答腊之间，一连几天乌云密布，细雨绵绵，海面时不时刮起狂风，掀起数层波浪。几个在船舱休息的水手百无聊赖，打开一个货箱，拿出一件瓷器细细端详。那是一个形似龙头的瓷瓶，龙鳞的纹路清晰可见，十分精致。另一个水手拿出一个不大不小的瓷盘，盘子内侧还绘着栩栩如生的飞鸟，盘底还印着"安拉"的字款。几个水手感叹，中国竟有这样的能工巧匠，这些瓷器实在令人惊叹。

就在几人感慨之际，"黑石"号突然颠簸得厉害，船上传来众人的叫喊声："船触礁搁浅了！"他们慌忙跑上甲板，想一看究竟。一出甲板，几人就被眼前的景象惊呆了。只见一个数米高的大浪扑卷过来，海水瞬间淹没了"黑石"号。只是眨眼间，船只就从海面消失，沉入海底了。

百余年后，一个名叫沃尔特法恩的德国水泥工，逐渐被人们熟知。这是因为沃尔特法恩发现了一条特别的致富之路。沃尔特法恩听印尼工人说，婆罗洲和苏门答腊之间的岛屿水底，有沉没多年的稀世珍宝。沃尔特法恩一听，心里琢磨，以前亚洲与印度海上贸易很是密切，沉没的宝船也不在少数，我何不去那打捞试试，兴许真能发现宝藏。

这样想着，沃尔特法恩就花钱购置了一套潜水装备，并和那个印尼工人一起到了苏门答腊水域附近。经过数月探摸，1997 年，沃尔特法恩在水底发现了明代沉船"鹰潭"号，这让他高兴不已，他觉得这附近一定有宝藏。一年后，他在附近水域发现了"马热尼"号沉船，不久后，他在勿里洞岛外海的一块黑色大礁石附近发现了搜寻多年的沉宝船——"黑石"号。

9月初，人们正式对这艘沉船进行打捞，经过数月的努力，到次年6月份，打捞沉船、文物的工作也告一段落。据相关专家介绍，从"黑石"号出水的陶瓷文物多达67000余件，其中绝大多数都是中国陶瓷。打捞人员还从船中出水了10件奇特的金器，这几件金器制作十分精致，可以和20世纪70年代西安何家村窖藏出土金银器相媲美。另外，还有24件银器、18枚银锭和30件铜镜，单一枚银锭就有2千克重。人们还在船内发现了零星几件水手的个人物品，有2件玻璃瓶、1件残破的棋盘、象牙制作的游戏器具，还有几件残旧的砚台。

藏宝船里面发现的中国瓷器

经专家鉴定，出水的瓷器中有56500件出自长沙窑场，其中包括杯、盘、盂、盒、罐、熏炉、油灯和少量生肖瓷塑。其中有件瓷碗底部刻印"宝历二年七月十六日"铭文，宝历二年为唐敬宗年号；有的瓷碗写有"湖南道草市石诸孟子有名樊家记"，这也佐证了产品出自长沙。其中有大量瓷器绘有花叶、莲蓬、飞鸟、摩羯鱼纹等艺术装饰，还有些瓷器绘制有阿拉伯风格的图案和装饰。除此之外，出水的瓷器中还有200余件浙江出产的越窑青瓷、200件北方白釉绿彩陶瓷和700余件广东地方窑口烧造的粗糙青瓷。

经过对这些文物的研究，人们发现"黑石"

号谜团重重。有人提出打捞出的水白釉绿彩陶瓷器和河南、河北一带烧制的瓷器风格相似。令人不解的是，"黑石"号还出水了一件高达1米的长柄高足壶，它的造型修长而奇特，在国内并未发现过，但是人们在"黑石"号上却发现了一件白釉绿彩的龙头形盖子，它的大小与长柄高足壶正好匹配，令人疑惑不解。而且，人们还在两件磁盘底部发现分别刻有"盈"字和"进奉"的字款。

"盈"字款的并不少见，考古人员曾在河北省的邢窑遗址中发现20余件刻"盈"字款的瓷碗。在西安大明宫遗址、唐长安西明寺、青龙寺等地均出土过"盈"瓷器，相关专家认为，这些瓷器均为唐代中期，出自河北邢窑，是为皇家大盈库所烧制。因而专家认为，在"黑石"号出水的"盈"字款瓷器与邢窑也有密不可分的关系，值得深入探究。根据"黑石"号出水的金银器和"盈"字款瓷器，相关专家推断，这并不是一艘寻常的商船，它运载的货物极有可能是作为国礼，进献给皇室。

"黑石"号出水的众多瓷器中，还有价值昂贵的唐青花盘、邢窑碟，其中最为名贵的是3件唐青花瓷，这是迄今为止发现的中国最早、最完整的青花瓷。

"贝尔格拉诺将军"号沉船

"贝尔格拉诺将军"号是一艘阿根廷海军巡洋舰，它原本叫做"凤凰城"号，是美国的一艘布鲁克林级巡洋舰。它全长185米，宽18.9米，排水量1.2403万吨，还配备了5座主炮和3架水上飞机，最高航速可达30节。

第二次世界大战期间，"凤凰城"号在麦克阿瑟将军的指挥下，屡立奇功，居功至伟，曾在珍珠港遇袭时，毫发无损冲出港口。它曾参与多次战役，在沙场上，它受尽折辱，遭遇鱼雷、炮弹的夹攻，与日本的神风特工队拼死相抗，在如此血淋淋的战场上，它正如其名字"凤凰"一般，涅槃重生，给美国海军带来光辉的战绩。直到 1950 年，"凤凰城"号退役，美国海军以一百万美金将它卖给了阿根廷。阿根廷花费重金，重新改建了这艘熠熠生辉的巡航舰，并给它改名"十月胜利"号，不久后又改为"贝尔格拉诺将军"号。

时隔不久，阿根廷海军再次对"贝尔格拉诺将军"号进行改装，并为它装上了"海猫"防空导弹等现代武器。不过，由于资金紧张，"贝尔格拉诺将军"号的动力、火炮、声呐等系统并没有做任何改进。

1982 年 4 月初，英国与阿根廷争夺福克兰岛，一场大战即将爆发。阿根廷为争夺福克兰岛，全力抵抗英国海军的围攻，"贝尔格拉诺将军"号战舰也参与其中。这艘曾经叱咤风云的战舰，一现身就成为众矢之的，遭到英国海军的攻击。

5 月 2 日下午 3 点钟，英国皇家海军舰船"征服者"号核潜艇埋伏在水下。"贝尔格拉诺将军"号谨慎地航行在海面上，它的雷达系统并没探测到附近的敌人。下午 3 点 57 分，"征服者"号发现了"贝尔格拉诺将军"号的踪迹，艇长当即下令向敌舰发射鱼雷。

核潜艇发射鱼雷

几秒过后，鱼雷"嗖"的一声发射出来，犹如离弦之箭一般射向"贝尔格拉诺将军"号。鱼雷一头扎进"贝尔格拉诺将军"号的舰头，但并没有给这艘"凤凰"舰带来致命的伤害，"征服者"号的舰长当即下令再发射一枚鱼雷。另一枚鱼雷破水而出，瞄准舰船的后半身冲了过去。

鱼雷击中舰船的瞬间，海面传来震耳欲聋的爆炸声。几秒钟后，"贝尔格拉诺将军"号布满浓烟，强烈的爆炸损坏了船上的电力设备，使它没法发出无线求救信号。海水犹如迅猛野兽汹涌而来，顺着战舰的缺口灌入船内。由于电力中断，"贝尔格拉诺将军"号无法把海水抽走，舰船开始慢慢下沉。

舰长邦索眉头紧皱，他想尽一切办法试图挽救"贝尔格拉诺将军"号，但都失败了。到了4点24分，"贝尔格拉诺将军"号已经无力回天，难逃沉没的厄运。无奈之下，邦索舰长只好下令弃船，舰员们乘坐救生艇逃生。

"贝尔格拉诺将军"号沉没的瞬间，它附近的两艘护航舰驱逐舰并不知道"贝尔格拉诺将军"号遇难，也没有看到求救信号和灯号，于是它们继续向西航行。到了傍晚，两艘护航舰才得知"贝尔格拉诺将军"号沉没的消息，然而此时天色已黑，海面的风浪不知把救生艇吹到何处。

趴在救生艇上的船员瑟瑟发抖，寒冷的天气冻得他们唇齿打架，一句话也说出来。几个体弱的舰员已经奄奄一息，他们脸色惨白，毫无血色，好像被掏空一般倚在艇栏上，如果不是他们时不时地眨下眼睛，还以为他们已经被死神夺取了生命。

阿根廷海军得知"贝尔格拉诺将军"号遇袭后，立即派出"智利"号前去搜救遇难的舰员。从5月3日到5日，救援船已经陆续救起770人，另外300余人不是失踪就是冻死在冰海，这几乎相当于阿

根廷在此次战役中伤亡人数的一半。

2003 年，国家地理学会和阿根廷海军联合组织了一支探险队，前赴南大西洋海域，搜寻沉没深海的"贝尔格拉诺将军"号残骸。探险队在海上逗留了两周，遭遇风浪的袭击，无奈只好放弃这次搜寻活动。

"贝尔格拉诺将军"号的沉没堪称战舰中最大的悲剧，不少学者对战舰的沉没颇有争议。有人认为"贝尔格拉诺将军"号当时正在驶离福克兰岛，而不是驶回港口，这就表示战舰在 200 海里禁区范围以外。那么英国海军又为何击沉"贝尔格拉诺将军"号呢？1982 年4 月 23 日，英国政府透过瑞士大使馆转告阿根廷政府，只要是可能对南大西洋海军造成威胁的阿根廷船队，都可能遭受攻击。而且在英国潜艇击沉"贝尔格拉诺将军"号之前，英国海军就已经修改了交战规则，允许军队在禁区外攻击敌舰。

"贝尔格拉诺将军"号舰船被击沉使阿根廷政府十分愤怒，他们坚持维护自己的立场，拒绝和平解决岛屿之争。这场福克兰岛争夺战仅持续了两个月，最终以英国胜利告一段落。

"吉野"号沉船之谜

"吉野"号是日本的一艘快速巡航舰，它久经沙场，在参与甲午海战后，又参与了 20 世纪初的八国联军侵华战争和日俄战争。

"吉野"号是一艘英国阿姆斯特朗造船厂建造的巡航舰，它全长109.73 米，宽 14.17 米，排水量高达 4150 吨，航速可达 23 节，是当时世界上航速最快的水面军舰。不仅如此，它还配备了数十门火炮，战斗力远在"致远"号和"定远"号之上。1891 年，日本海军向阿姆斯特朗订购此舰，并给它取名"吉野"号，此后这艘巡航舰给日本带来了极大的荣耀。

不过，"吉野"号的价格昂贵，当时日本政府的收入根本不能支付天价的"吉野"号，为了购买这艘战舰，日本天皇甚至宣布自己每日只吃一顿饭，直到打败清朝政府。日本天皇的决心撼动了所有国民，皇太后将自己的首饰捐献出来，臣民也纷纷捐出自己的家财。就这样，半年后日本政府筹集到银两，将"吉野"开回了日本。

1893 年 6 月，日本军方授命大佐指挥担任"吉野"号舰长，并率领"高千穗"号、"秋津洲"号、"浪速"号袭击北洋水师舰队，重伤"超勇"号和"扬威"号。不久后，"吉野"号率领众舰队围攻"致远"号，并和它展开了激烈的战斗，最后"吉野"号集中炮火，向"致远"号发射炮弹，最终击沉了"致远"号。

甲午战争结束后，"吉野"号马不停蹄地赶到北平（今北京），参与八国联军侵华战争。当时，李鸿章想从智利海军购买"布兰科·恩卡拉达"号。这艘舰船配有数十门火炮、5 门鱼雷管，它的速度和火力都远在"吉野"号之上。日本海军唯恐清政府获得此舰，提升军力，于是从中作梗，使智利海军不肯将舰船出售给清政府。

1894 年 7 月，日本海军派出"吉野"号、"浪速"号和"秋津洲"号三艘舰船，前赴朝鲜牙山湾口丰岛西南海域。数日后，中日舰队竟在丰岛相遇，清朝海军早对日军多有不满，如今相遇怎能放行？一场激烈的舰战就此打响。然而，日方的三艘舰船火力、速度均在清朝海军之上，开战不久中方便节节败退，"济远"号身负重伤，十几名将

水雷

士英勇战死。"广乙"号更是受伤严重，搁浅在朝鲜十八岛的海滩上，舰上的将士们不肯受敌国羞辱，一把火烧了"广乙"号，700多名将士和舰船一起葬身火海。误入战场的两艘清军运兵船被日舰拦住去路，"浪速"号火速开炮，一艘运兵船当即沉没，另一艘船被日军俘获。在这场声势浩大的战役中，"吉野"号仅被三枚炮弹擦伤，受损甚微，船员无一人伤亡，自此甲午中日战争正式拉响。

甲午中日战争打响后，"吉野"号率领4艘快速巡航舰前赴黄海，与北洋舰队激烈地厮杀。"吉野"号如鱼得水般穿梭在北洋军队薄弱的右翼，一面骚扰清军，一面掩护其他舰船发起攻击。几艘舰船集中炮火，攻击清军的"超勇"号和"扬威"号，20多分钟后，"超勇"号不堪重负，被敌舰击沉。"扬威"号身负重伤，趁乱向大鹿岛逃去，不成想，刚逃到大鹿岛就被迎面驶来的清军舰船撞沉。

下午3点钟左右，北洋舰军"定远"号被日舰击中，在一阵爆炸声中，燃起了熊熊烈火。"致远"号为了掩护旗舰，冒死冲出阵外。"吉野"号看准时机，率领众舰一齐发射火炮。"致远"号自知难有转机，于是它瞄准"吉野"号，猛地向它冲了过去，想和它同归于尽。日军大惊失色，立即命所有舰船集中炮火，攻击"致远"号。不一会儿，"致远"号沉没海底，舰长邓世昌不肯苟活，带领246名将士自沉深海，与舰同存。50多分钟后，北洋舰队左翼遭受日舰攻击，两艘舰船逃离战场，两艘舰船被炮弹击沉。傍晚5点30分，"吉野"号等舰船收到停止战斗的信号，全舰全速向西南方向撤离。

1895年初，北洋舰队被日本军队团团包围，直到弹尽粮绝，2月7日，北洋舰队的13艘鱼雷艇试图突出重围，却遭到"吉野"号等日舰追击。十几艘战舰只有"左一"号成功逃到烟台，其他舰船不是被俘就是沉没深海。2月23日，北洋舰队投降，"吉野"号功不可没。

时隔9年，日本和俄国争夺旅顺口的战争敲响。此时曾立下无数

沉／没／的／珍／宝

Sunken Treasure

军功的"吉野"号已在日本海军服役12年了。它的火力和速度早已落后，只能充当配角。它在此次战役中，默默无闻地做着琐事，人们对它的功绩也没有记载。

1904年的一天上午，日本海军命"初濑"号、"八岛"号等5艘军舰守住旅顺口，集中全部火力攻击港内的俄国军舰。中午1点钟，"初濑"号等5艘日舰开始返航。航行不久，它们遇到浓雾，更令人意想不到的是，它们竟来到俄国海军布下的雷区。深夜10点50分，"初濑"号不小心触雷，一阵震耳欲聋的爆炸声后，"初濑"号消失在海面上。不久，"八岛"号遭遇了同样的厄运，两枚水雷瞬间爆炸，汹涌的海水灌进船舱，不久"八岛"号沉没了。

当时"吉野"号就在附近，它听到远处出来水雷的爆炸声惊恐万分，只想赶快逃离这片海域。"吉野"号掉头飞速撤离，却不想被迎面飞驰的"春日"号拦腰撞断。海水瞬间灌满船舱，舰员纷纷跳海逃生。舰上只有99人被其他军舰救起，另外300余人和"吉野"号一样沉没深海。